THÉORIE DE L'INTÉRÊT DE L'ARGENT.

CHAPITRE PREMIER.

NOTIONS générales au sujet de l'Usure. Analyse des vérités les plus essentielles touchant les Contrats, soit gratuits, soit lucratifs, déduites des premiers principes du Droit Naturel. Idée sommaire des faux principes qu'on a à combattre dans cet Écrit.

DANS l'origine des Sociétés, le mot d'usure a dû bientôt devenir odieux, parce qu'il n'annonce rien que d'opposé à l'esprit de désintéressement, de générosité & de charité. Il est devenu plus odieux encore à mesure que la cupidité a porté plus loin ses excès par la pratique de l'usure, qu'elle a méconnu davantage les droits de l'humanité, qu'elle a ruiné plus d'emprunteurs, qu'elle s'est notoirement enrichie de la misere d'autrui, & qu'elle a appris à calculer l'usure de l'usure.

C'est sous ce détestable rapport que les Livres saints, les Peres, les Conciles & les anciennes Ordonnances de nos Rois ont proscrit les traités usuraires comme des forfaits.

Ce premier coup-d'œil qu'offre le terme d'*usure*, lui attache une flétrissure ineffaçable, parce que nos expressions font nos préjugés, & qu'on les entend toujours dans le plus mauvais sens, quand elles en ont plus d'un.

On sçait néanmoins que le mot Latin *usura* signifie aussi *revenu* ou *intérêt légitime*. Cette expression qui, entendue ainsi, ne présente rien que d'innocent, est familiere aux anciens Ecrivains; & l'on est forcé de lui donner ce sens dans le Chapitre XXV de saint Matthieu, où le Pere de famille condamne le serviteur paresseux qui, au lieu d'enfouir le talent qui lui avoit été confié, auroit dû le faire valoir chez un Banquier, pour en tirer un intérêt ou *usure*.

La foule des malheureux a eu si souvent à se plaindre des extorsions de l'usure dévorée par la soif de l'or, que le mot d'*usu-*

rier est devenu une injure atroce. Les Juifs répandus dans toutes les contrées du monde, forcés à vivre du trafic, & autorisés par leurs principes superstitieux dans tous les excès de l'usure, ont contribué aussi à la flétrir par l'horreur qu'on a, parmi les Chrétiens, de cette race infortunée. Tout homme qui prête à intérêt ne le fait pas à la maniere des Juifs : n'importe ; c'en est assez pour l'identifier avec un Juif.

Cependant l'esprit de Commerce ayant fait de grands progrès en Europe, depuis quelques siécles, la stipulation des intérêts modérés a été distinguée de l'usure, sur-tout dans les pays où le Négoce est la ressource publique, parce que cette stipulation a été généralement reconnue pour légitime dans bien des cas. Il en est donc où les intérêts sont permis, comme il en est où ils sont illicites. La difficulté est de tracer la ligne entre les deux extrémités. Il faut pour cela des régles sûres & immuables ; sans quoi l'on a des problêmes au lieu de principes.

Cherchons ces régles dans les notions primitives qui sont le fondement de toute doctrine exacte. Celles que l'on va indiquer seront une espece d'analyse de cet écrit.

I.

Tous les préceptes de la morale sont fondés en raison, & il n'en est pas dont la lumiere naturelle ne fasse sentir l'équité (*a*).

II.

L'homme a un droit essentiel d'user des moyens physiquement nécessaires à sa conservation.

III.

Le fondement de ce droit est la liberté, qui le rend arbitre & comptable de ses actions.

IV.

L'homme exerce cette liberté par la faculté qu'il a de disposer de ce qui lui appartient, de le donner, le prêter, l'échanger, le vendre ou le mettre en dépôt. Ce n'est que volontairement qu'il peut être obligé de le céder à un autre, quand la vertu de justice ne lui en fait pas un devoir.

(*a*) Cette vérité a été démontrée par l'Auteur du *Traité des Prêts du Commerce*, en cinq volumes, II. partie, section 1, chap. 1.

On retrouve le fond de ces régles-ci dans l'excellent Ouvrage de M. l'Abbé de Condillac, ayant pour titre : *Le Gouvernement & le Commerce considérés relativement l'un à l'autre.*

V.

L'égalité morale ou respective, dans le résultat des conventions humaines, caractérise d'ordinaire les traités ou contrats auxquels l'équité préside. Mais cette égalité n'est point de l'essence des contrats, qui consiste dans le mutuel consentement.

VI.

Une grande inégalité respective n'invalide un traité, que quand elle fait présumer la surprise ou le défaut de consentement.

VII.

Il n'existe pas de valeur absolue, ni de régle fixe pour estimer & mesurer la valeur des objets commerçables, parce qu'en ce genre tout est relatif. La valeur n'est que le résultat des rapports qu'il y a entre nos besoins, & le plus ou le moins de rareté des objets qui servent à nos besoins.

VIII.

Les valeurs en général sont vagues & indéterminées. Elles ne deviennent fixes que par le prix, qui est le jugement des parties.

IX.

Il est permis d'acheter à un prix trop

haut, & de vendre à un prix trop bas, parce qu'on dispose de son bien comme on veut, & que pouvant donner un tout, on peut bien en donner une partie.

X.

Celui qui vend donne moins & reçoit plus. Celui qui achete en fait autant; parce que ce que l'on acquiert, est relatif au besoin qu'on en a, & au cas qu'on en fait; le vendeur & l'acheteur ne se décidant que par des vues d'un avantage personnel.

XI.

Que dans les marchés que l'on fait, on emploie l'argent, ou qu'on procéde par voie d'échange, cette différence n'en met aucune dans les traités, qui sont essentiellement de même nature.

XII.

La chose vendue & son prix sont censés d'égale valeur & pouvoir être identifiés l'un avec l'autre, quoique, relativement à l'acheteur & au vendeur, l'un soit préférable à l'autre.

XIII.

L'argent considéré comme métal, a une valeur intérieure plus ou moins grande, suivant son poids, son titre & sa rareté. Mais il a aussi une valeur extérieure, publique &

légale, qui le rend repréſentatif des valeurs quelconques. La premiere de ces valeurs eſt le fondement de l'autre.

XIV.

En un vrai ſens, l'argent & l'or monnoyés appartiennent en propriété au Gouvernement dont ils portent l'empreinte. Les membres de la Société n'en ont proprement que l'uſage, ainſi que des routes & des places publiques, n'étant point permis aux particuliers de détruire ou de dénaturer les monnoies.

XV.

La deſtination de l'argent eſt de circuler perpétuellement dans la Société, & cette circulation eſt en raiſon de l'activité du Commerce ; tout ce qui en gêne la liberté & en interrompt le cours, eſt funeſte au bien public.

XVI.

Un objet n'a de valeur que par rapport à ſa poſſeſſion actuelle, future ou probable, ſoit qu'il s'agiſſe de la propriété, de la jouiſſance ou de l'uſage.

XVII.

Un bien que l'on poſſéde vaut mieux qu'un bien pareil qu'on eſpere de poſſéder dans un temps donné. Par la même raison, un bien assuré vaut mieux qu'un pareil bien incertain. Un bien incertain peut cependant être si considérable, qu'il soit à préférer à un bien certain, mais modique.

XVIII.

Le degré d'éloignement par rapport à la possession d'une chose, & le degré d'incertitude si on la possédera, diminuent d'autant la valeur de cette chose.

XIX.

De-là il suit, 1°. que la maxime du Jurisconsulte Ulpien, *qui tardiùs solvit, minùs solvit*, est d'une évidence palpable : car si la possession est estimable comme actuelle, le délai de cette possession est une perte.

XX.

De-là il suit, 2°. que les traités d'assurance, & tous les contrats à forfait sont licites, & qu'il n'en faut exclure que la surprise & la fraude.

XXI.

De-là il suit, 3°. que le prêt gratuit est un bienfait, puisque le prêteur céde une possession estimable, & que l'emprunteur ne peut pas dire qu'il a payé ce bienfait quand il a rendu la chofe prêtée, puifqu'il n'a point payé l'avantage qu'il a eu de pofféder & de jouir.

XXII.

De-là il fuit, 4°. qu'en différant une reftitution, & en affectant de prolonger les paiements que l'on doit faire, on viole la juftice commutative.

XXIII.

Ce que l'on appelle *intérêt*, n'eft que le prix ou le dédommagement de la poffeffion que l'on a cédée ; & le taux de ce prix doit être conforme à la loi ou à l'ufage.

XXIV.

L'humanité, la générofité ou la charité font les titres qui impofent à l'homme raifonnable l'obligation de prêter gratuitement. Les facultés de celui à qui l'on a prêté, ne font pas un titre qui autorife l'exaction de l'intérêt.

XXV.

La charité & la juftice font deux vertus, dont il ne faut confondre ni les objets ni les natures. Le cœur inhumain qui laiffe périr fon femblable faute d'un fecours gratuit qu'il feroit en état de lui fournir, ne viole point la juftice commutative ; mais il tranfgreſſe tellement la loi de la charité, qu'il eſt réputé homicide.

XXVI.

On autoriſe, ſans s'en appercevoir, ce violement de la charité, quand on permet de prêter à intérêt à des familles qui ſont dans la détreſſe. Le *lucre ceſſant*, & le *dommage naiſſant*, termes inconnus à l'antiquité, donneroient-ils le privilége de mettre à contribution la miſere d'autrui ?

XXVII.

Quand le motif de charité n'a point lieu, l'on doit *prêter* gratuitement & par bienfaiſance, ſi on le peut ſans riſque pour ſon capital dont on n'a nul beſoin ; parce que le ſacrifice que l'on fait alors d'une poſſeſſion eſtimable, eſt dû à l'eſprit de l'ordre ſocial.

XXVIII.

Prétendre que c'eſt la vertu de juſtice qui s'oppoſe alors à la ſtipulation des intérêts, c'eſt confondre les vertus, ou c'eſt peut-être ne pas s'entendre ſoi-même.

XXIX.

Les intérêts que l'avare a exigés contre la loi de la reconnoiſſance ou de la bienfaiſance, doivent être employés en œuvres de charité. Ils ne doivent point être restitués au riche emprunteur, parce que la justice n'a point été violée quand il les a payés, & qu'il n'a fait que remplir son engagement.

XXX.

En mettant à part les prêts faits aux pauvres, qu'il ne faut pas confondre avec ceux qu'on fait aux riches ou aux gens d'affaires, l'usure consiste dans une injustice que l'on fait à l'occasion d'un prêt ou d'une somme avancée. Ainsi toute usure proprement dite est injustice ; mais toute injustice n'est pas usure.

XXXI.

La dénomination d'usurier ne doit être appliquée qu'à ces fléaux de la Société qui exigent des intérêts du pauvre, ou qui en prennent sur les autres qui sont ruineux pour eux.

XXXII.

Plus ce crime est odieux, plus il est injuste de l'imputer à qui ne peut en être convaincu. Il n'y a d'ordinaire que le prêteur lui-même qui sçache avec certitude s'il n'est pas dans le cas de pouvoir exiger des intérêts.

XXXIII.

La justice est souvent violée par des pactions uſuraires. Mais la charité l'eſt mille fois plus ſouvent par le refus du prêt gratuit. On doit donc crier bien haut en faveur de la juſtice, & bien plus haut encore en faveur de la charité & de la bienſaiſance. On fait tout l'oppoſé.

XXXIV.

Les Peres de l'Egliſe, inſtruits par les Livres ſaints, n'ont oppoſé à l'uſure, pour la faire déteſter, que des raiſons priſes du violement de la juſtice & de la charité ; & il n'y a eu de leur temps ni controverſe, ni diſpute ſur cette matiere. Long-temps avant la renaiſſance des lettres, les Scholaſtiques ont pris une autre route : ils ont voulu fonder le vice & le déſordre de l'uſure ſur des raiſonnements alambiqués, moins propres à convaincre un uſurier qui a l'eſprit droit, qu'à le raſſurer dans ſes mauvaiſes pratiques ; & depuis l'on n'a plus ceſſé de diſputer ſur l'uſure.

XXXV.

Quoique des Ecrivains reſpectables aient condamné certain emploi de l'argent, ou certains traités de Commerce, parce qu'ils croyoient y appercevoir de l'injuſtice, ſi l'on eſt aſſuré, par une théorie plus éclairée & plus exacte, que cette injustice n'y est point, l'autorité de ces Ecrivains n'est point un motif pour adopter après eux une erreur de fait.

XXXVI.

Il est remarquable que la loi des Hébreux ne leur interdisoit pas seulement d'exiger de leurs freres des intérêts excessifs, mais encore le plus modéré, sans même avoir égard au *lucre cessant* ou au *dommage naissant.* L'objet de cette loi n'étoit pas de faire observer précisément la justice commutative, parce qu'un autre article de la loi y avoit pourvu; mais de faire pratiquer la bienfaisance & la charité, qui est la principale régle des devoirs réciproques.

XXXVII.

La loi des Chrétiens devoit, à plus forte raison, leur prescrire de prêter sans aucune vue intéressée: non que la stipulation des intérêts soit injuste en elle-même, mais parce que, pour remplir les vues de cette loi, il ne suffit pas d'être juste, & qu'il faut de plus, quand on le peut, pratiquer le désintéressement & la bienfaisance.

XXXVIII.

Suivant les régles ci-dessus, depuis le

N°. 17 jusqu'au 21, la jouissance de l'argent est naturellement appréciable ; & l'on ne peut pas dire de celui qui, pour un temps donné, céde cette jouissance, qu'il céde zéro. S'il n'est pas dans le cas de céder son argent par bienfaisance, il peut donc le céder à un prix juste, sans blesser le droit naturel ; personne n'étant tenu de donner son bien que par sa propre & libre volonté, suivant la régle, N°. 4.

XXXIX.

Un effet justement estimé cent mille livres, & cette somme de cent mille livres sont d'égale valeur, & peuvent être identifiées l'un avec l'autre, suivant la régle, N°. 12. Il faut donc que la jouissance de cette somme d'argent soit pour le vendeur d'une utilité équivalente à celle de cet effet vendu. Donc la jouissance de l'argent a son prix, soumis à l'industrie de celui qui le posséde, ainsi que la possession d'un champ a sa valeur dépendante de l'industrie de celui qui le fait travailler.

XL.

Supprimer cette idée d'*appréciabilité* & d'utilité réelle attachée à la possession de l'argent, ce seroit renverser tous les principes de l'ordre social ; ce seroit anéantir les titres de l'intérêt reconnu pour légitime ; ce feroit enfin, contre la régle, N°. 21, ôter au prêt gratuit la qualité de bienfait, & par conféquent démentir toutes les idées reçues.

Il feroit fuperflu de pouffer plus loin la chaîne de ces vérités, qui fe déduifent les unes des autres, & dont l'évidence eft palpable pour quiconque n'eft pas diftrait en les lifant.

Rapprochons maintenant de ces notions fi fimples & fi claires, les principes qui font la bafe de la doctrine rigide fur l'ufure. On ne fera que les indiquer en paffant, parce qu'on fe réferve de les examiner de plus près dans la fuite de cet Ouvrage.

Premier Principe.

L'Argent eft ftérile de fa nature.

Si le mot *ftérile* eft pris ici dans un fens méthaphorique, il nous annonce que l'argent eft inutile, qu'il eft égal d'en avoir ou d'en manquer, & que celui qui l'a en main n'y peut trouver le moyen d'augmenter fon bien-être.

Suivant le fens propre, l'argent eft *ftérile*, c'eft-à-dire, que plufieurs pièces d'argent, mifes enfemble, ne fçauroient pulluler & en produire d'autres. Le premier de ces deux sens est d'une fausseté palpable : le second n'est qu'une ineptie.

SECOND PRINCIPE.

Celui qui a placé une somme d'argent, & en perçoit l'intérêt, prétend forcer l'argent à devenir fécond, ce qui est contre l'ordre de la nature. Or ce qui va contre l'ordre du Droit Naturel est mauvais & criminel.

Suivant cette logique, il sera fort criminel de châtrer des animaux, d'en tuer, d'en manger ; car tout cela est sans doute contre l'ordre de la nature. Quoi de plus pitoyable, que de confondre ainsi l'ordre *moral* avec l'ordre *physique* ?

TROISIEME PRINCIPE.

Celui qui emprunte de l'argent, des denrées ou autres provisions, en acquiert le domaine & la propriété ; & c'est sur ce fondement que tous profits résultants du prêt appartiennent naturellement & nécessairement à l'emprunteur, & que le prêteur n'y peut avoir jamais aucune part, parce qu'en prêtant il s'est dépouillé de toute propriété.

Que cette idée abstraite, soit vraie, fausse ou douteuse, il n'en est pas plus raisonnable d'en tirer la régle pour juger de la légitimité ou illégimité de l'intérêt de l'argent.

Chercher dans des abſtractions métaphyſiques des régles de morale, eſt une ſource d'illuſion & d'abſurdités.

Au reſte, ſi tout emprunteur devient propriétaire de l'argent qu'il emprunte, la plupart acquierent le domaine des choſes empruntées, à leur propre inſçu ; ſemblables à ce perſonnage comique, qui toute ſa vie avoit fait de la *Proſe* ſans le ſçavoir.

QUATRIEME PRINCIPE.

Quoique l'argent prêté pour un temps déterminé demeure ſtérile, *il devient fécond, ſi on le prête pour un temps indéfini, comme dans les conſtitutions de rentes.*

Cette régle a paſſé aſſez généralement pour fauſſe, dans les Ecoles, juſqu'au temps du Pape Martin V. Comment d'ailleurs prouveroit-on, par la lumiere du Droit Naturel, que l'aliénation de l'argent faite à perpétuité, auroit la vertu d'en changer la *nature*, & de faire ceſſer la *ſtérilité?*

CINQUIEME PRINCIPE.

L'uſure conſiſte formellement à recevoir plus qu'on n'avoit donné : Uſura eſt quidquid ultrà ſortem percipitur.

C'étoit-là jadis le langage des premiers Scholaſtiques ; & ce langage n'eſt point exact, puisqu'il n'admet point de distinction entre la vraie usure & l'intérêt légitime. Pour remédier à cet inconvénient, saint Thomas excepta de cette régle les cas où l'intérêt est dû à titre d'indemnité, *ratione damni.* A cette restriction, les Scholastiques modernes ont été dans la nécessité d'en ajouter d'autres, & ils ont introduit divers titres qui légitiment l'intérêt. L'usure est, selon eux, tout ce qu'on retire du prêt en vertu du prêt, *ex mutuo, vi mutui.* Mais cette régle se trouvera absolument idéale, si l'on fait attention que quand on place l'argent à intérêt, on ne fonde point cet intérêt sur le prêt, puisqu'on n'entend point prêter dans le vrai sens de ce mot, mais placer son argent à titre lucratif, ce qui exclut toute idée du *mutuum.* Ainsi la maxime, *usura est quidquid ultrà sortem percipitur*, est d'une fausseté qui ne peut être contestée; & l'on ne corrige ce faux principe que par un mot vuide de sens, quand on ajoute, *ex mutuo, vi mutui.*

Observons ici quelle a été la source & la gradation des erreurs des Scholastiques sur cette matiere. Ils ont d'abord considéré l'homme sous le rapport d'un être malheureux, toujours environné de besoins physiques, & souvent destitué des secours de premiere nécessité. Ils ont senti avec raison que la compassion pour nos semblables est une dette dont nous nous acquittons envers l'humanité & le Droit Naturel. Les principes de la Religion leur ont fait conclure, avec le même fondement, que je dois prêter gratuitement du pain qui abonde chez moi; & qui, dans ce moment, manque chez mon voisin; que je dois lui prêter encore du grain que j'ai de reste, & qui lui est nécessaire pour ensemencer son champ, ou des outils, dont je ne fais point usage, & dont il ne peut se passer. On n'imagineroit rien de plus révoltant, que la dureté de celui qui voudroit mettre à prix de pareils services. Ce n'est pourtant pas la vertu de justice qui en fait un devoir, mais la vertu de charité & de bienfaisance.

Après avoir confondu ces deux vertus, on confond aussi les différents cas où elles sont d'usage. Un Capitaliste qui dépose son argent chez un Négociant, est vu du même œil que le riche avare qui prenant sur un argent superflu de quoi prêter à son voisin dans un cas urgent, lui fait payer ce service par un intérêt ajouté à son capital.

C'est ainsi qu'attachant au mot d'*usure* des idées vagues, on en fait l'application tantôt à celui qui exerce à la rigueur toute l'étendue de ses droits contre quiconque, tantôt à l'homme d'affaires qui, par ses talents & sa sagesse, a sçu se faire une fortune solide, & tantôt au Négociant habile, qu'on voit tous les jours emprunter d'une main & prêter de l'autre. Ces citoyens peuvent-ils être taxés de commettre des injustices? On convient que leur probité écarte tout soupçon à cet égard. Mais ne méritent-ils pas le nom d'*usuriers*? C'est de quoi le préjugé, en dépit de la raison, ne veut pas que l'on puisse douter.

La vraie source du mal-entendu & des illusions que l'on se fait dans cette matiere, est que d'un côté les notions abstraites sont générales de leur nature, & ne sont que de simples rapports; & que, d'un autre côté, les stipulations d'intérêt réellement usuraires sont des hypothèses particulieres, & essentiellement différentes de divers autres cas, où l'intérêt est au contraire légitime & plein de justice. Or l'application des idées générales à des hypothèses de diverses classes, qu'on ne distingue pas, est la méthode la plus sûre pour tout brouiller, pour disputer sans s'entendre, pour ériger en axiômes des maximes fausses.

Pour éviter cette malheureuse confusion, laissons à l'écart tous les cas où le prêt, sollicité par la charité, par la bienfaisance, ou la reconnoissance, doit être naturellement gratuit, & ne peut être converti en un trafic intéreſſé. Ecartons encore l'idée de tous les prêts lucratifs, qui ne tendent naturellement qu'à enrichir le prêteur, & appauvrir celui qui emprunte. Il ne s'agit ici que de ces traités, qui ſont réciproquement onéreux & lucratifs pour les deux parties, & qu'on appelle *ceſſion* ou *dépôt d'argent.* Ces ſortes de contrats renferment-ils quelque inégalité notable, quelque léſion, quelque injuſtice pour l'emprunteur? qu'on les tienne pour ſuſpects d'uſure, tant qu'on voudra. Mais ſi, au contraire, il réſulte de l'examen des conditions & des circonſtances, qu'il y a égalité morale, & qu'il n'y a nulle léſion dans la condition de l'emprunteur, il n'y aura plus moyen ni prétexte pour y trouver de l'uſure, puiſque l'uſure dont il doit être queſtion ici, eſt néceſſairement une injuſtice, comme on l'a dit ci-deſſus.

CHAPITRE II.

PRÉCIS historique de la controverse sur l'usure, & des divers points de vue sous lesquels elle a été envisagée. Elle n'intéresse point l'infaillibilité de la tradition ecclésiastique. Multitude d'Ecrits que cette dispute a fait naître. Confusion qu'elle a mise dans les principes de l'ordre moral & de l'ordre politique.

POUR faire sentir la nécessité de la méthode dont on vient de parler, & pour montrer que dans l'antiquité on a méconnu cette précision, & qu'on a raisonné sur l'usure d'après des idées *complexes* & vagues, rappellons ici la maniere dont en parloit le grand saint Augustin, dans l'une des instructions qu'il adressoit à son peuple :

« Ne prêtez point à usure. Ce n'est pas » moi qui en porte la défense : c'est la » parole de Dieu. Vous me direz que vous » n'avez pas d'autre ressource pour vivre. » Mais un voleur de profession pourroit » m'en dire autant : *Noli fœnerare. Non ego* » *illud scripsi : sed Deum audi. Audent* » *fœneratores dicere : non habeo aliud unde*

» *vivam. Hoc mihi & latro diceret* (*a*). »

Il eſt évident que le mot d'*uſure*, employé ici d'une maniere générale, fait naître l'idée de toute ſorte d'intérêts licites & illicites, & que l'ordre des choſes eſt ſi fort changé depuis le ſiécle de ſaint Auguſtin, que s'il revenoit au monde, il ne pourroit ſe diſpenſer de modifier ſa défenſe par une multitude de reſtrictions. Pour parler nettement & ſans aucune équivoque, il diroit : N'exigez point d'intérêt de votre argent : *Noli fœnerare ; excepté* que votre prêt ne vous apporte quelque dommage ; *excepté* qu'il ne vous ôte le moyen de faire quel-

(*a*) In Pſalm. 70. Serm. 1. n. 6.

Nota. Il n'étoit pas poſſible, dans le ſiécle de ſaint Auguſtin, d'avoir des idées complettes & développées des divers uſages de l'argent inconnus alors, & dont les rapports avec le Droit Naturel, l'intérêt public & particulier, & la puiſſance légiſlative, forment des notions nouvelles. Cela n'empêche pas ſans doute de regarder cet illuſtre Docteur comme l'un des plus grands génies qui aient exiſté, & de dire, après la Bruyere, « Que pour l'étendue des connoiſſances, la profondeur & la pénétration, pour les principes de la ſaine Philoſophie, pour leur application & leur développement, pour la juſteſſe des concluſions, pour la dignité des diſcours, pour la beauté de la morale & des ſentiments, il n'y a rien que l'on puiſſe comparer à ſaint Auguſtin que Platon & Cicéron ». *Caract. de ce ſiécle.* ART. *Eſprits forts.*

que profit légitime ; *excepté* que votre argent ne soit sur la tête de quelqu'un qui vous le doit pour vente de fonds ; *excepté* que l'argent qui vous est dû, ne fasse partie d'une dot, ou d'une dette légitimaire ; *excepté* que cet argent ne soit placé en constitution de rente ; *excepté* qu'il ne soit le produit de *dommages & intérêts* qui vous ont été adjugés ; *excepté* enfin tous autres cas, où l'intérêt est autorisé par les loix.

Cependant on ôte toute ambiguité au langage du saint Docteur, en supprimant le mot d'*usure*, & en réduisant son exhortation à ces mots-ci, qui doivent nécessairement en être l'équivalent : *Pratiquez la charité, & observez la loi de justice. Ne refusez pas de secourir gratuitement les pauvres, & soyez toujours justes dans tous les traités que vous ferez, même avec les riches.* Car tout traité, où l'on observe la justice commutative, est toujours exempt d'usure.

L'exemple qu'on vient de citer, & l'observation qu'on y a jointe, fournissent une ouverture pour saisir le sens attaché au mot d'*usure*, dans le langage des Livres saints & de la vénérable Antiquité, ainsi qu'on le montrera dans le Chap. IX. L'ancien & le nouveau Testament, les Peres & les Conciles les plus anciens n'ont condamné, ni pu condamner sous le nom d'*usure*, que le le violement de la charité & de la justice. Il seroit absurde, sans doute, de vouloir conclure de leurs justes invectives contre les usuriers, qu'ils ont voulu proscrire tel contrat, dont l'espece étoit alors inconnue, ou tel traité de Commerce, où l'on peut démontrer que l'égalité morale est observée avec l'équité la plus exacte.

Tout ce qu'on pourra inférer du langage de la tradition ancienne, est que les riches ne sont pas moins obligés de prêter au pauvre que de lui donner ; qu'ils le doivent, lors même qu'il y a lieu de présumer que ce qu'ils lui prêtent ne leur sera jamais rendu ; qu'il y a de l'inhumanité à se faire assurer ce que l'on prête aux nécessiteux, par des gages ou par des contrats d'antichrese ; que le titre du *dommage naissant* ou du *lucre cessant* n'autorise pas la dureté & les extorsions des riches envers les pauvres, non plus que les condamnations obtenues contre eux ; & qu'on ne peut enfin discuter les biens des familles obérées, & les ruiner par des frais, lorsque l'on nage dans l'abondance, & qu'on n'y est pas forcé par des besoins personnels (*b*).

(*b*) L'Abbé Mignot, Docteur de Sorbonne, prouve chacune de ces assertions, dans la premiere Partie de son Ouvrage intitulé : *Traité du Prêt de Commerce*, en cinq volumes *in*-12.

En un mot, plus on pressera la maniere de raisonner des anciens contre les pratiques usuraires, plus on se convaincra, que presque toujours ils insistent sur l'étendue des devoirs de la charité fraternelle, & sur le danger de violer la justice par d'injustes exactions.

Quoique le point dont on vient de parler, soit de la plus grande importance, on se dispensera de ramener ici la foule des témoignages, depuis les premiers siécles jusques vers le douzieme ou treizieme, qui prouvent de la maniere la plus convaincante ce qu'on vient d'avancer. Cette tâche a été remplie avec beaucoup d'érudition par un Auteur connu qui, après avoir montré que tous les textes de l'Ecriture, où il est question d'usure, ont pour objet les secours qu'on doit fournir gratuitement aux pauvres, parce qu'eux seuls y sont désignés, & que ces textes n'ont d'application qu'aux cas où c'est le besoin qui fait recourir à l'emprunt, ce même Ecrivain entre dans la plus grande discussion sur la doctrine des Peres de tous les siécles, pour établir le même fait; & il en résulte que tous les passages des Peres, relatifs à cette matiere, n'attaquent l'usure que par son opposition à la charité & à la justice (*c*).

(*c*) Ibid. *Partie I. sect.* 2, *art.* 1. & 2.

Le même Auteur montre que c'eſt-là encore le but de l'ancien Droit, tant Eccléſiaſtique que Civil. Il eſt entré dans un détail ſort étendu des Canons, depuis les premiers ſiécles de l'Egliſe juſqu'après le douzieme ſiecle, & de tous les textes du Droit Canonique nouveau, par leſquels il prouve qu'il n'y a de condamnable que les profits faits ſur les pauvres ; & que les défenſes qui frappent d'une maniere plus directe ſur les intérêts du prêt de Commerce, ne regardent que les Eccléſiaſtiques (*d*). Mêmes réflexions au ſujet des Loix Civiles, à commencer par les Loix Romaines avant l'époque du Chriſtianiſme, en examinant enſuite celles des Empereurs juſqu'à Théodoſe le Jeune, & en finiſſant par les anciennes Loix reçues en Eſpagne, en Portugal, en Angleterre, en Flandres, en Allemagne & en France (*e*).

Si c'eſt-là un fait hiſtorique, dont il n'eſt pas poſſible de douter, que la maniere de penſer des anciens au ſujet de l'uſure, fût toujours ſimple, uniforme, & bornée à maintenir les droits de la charité & de la juſtice, il doit être facile d'aſſigner l'épo-

(*d*) Traité du Prêt de Commerce, *Tome II. ſect.* 2.

(*e*) Ibidem, *Tome III. ſect.* 4.

que des idées nouvelles ajoutées par les Scholastiques à la doctrine de l'Antiquité, & d'en prouver la nouveauté.

Or cette nouveauté est démontrée par la comparaison qu'il est aisé de faire entre le langage des anciens au sujet de l'usure, & les divers principes inconnus à l'antiquité, inventés par les Scholastiques, & introduits dans les Ecoles sous l'appareil d'un systême. Il a son origine dans le treizieme siécle, époque fameuse dans l'Histoire de la Philosophie, qui prit alors une nouvelle face par la manie que l'on eut d'associer aux vérités chrétiennes les idées d'Aristote.

Qu'on n'imagine pas, au reste, que ce systême de l'Ecole préjudicie au dogme de la vérité & de la perpétuité de la tradition Ecclésiastique. Car cette tradition n'a pas été plus altérée par le nouveau langage des Scholastiques, disciples d'Aristote, qu'elle ne l'avoit été auparavant par les idées Platoniciennes, que les anciens Peres de l'Eglise avoient mêlées à leur enseignement. Le but des systêmes introduits dans les Ecoles ne fut jamais de réformer aucun dogme, ni d'en introduire de nouveaux; mais de les expliquer, d'en applanir les difficultés apparentes, de les assortir par des idées accessoires. Or ces explications & ces vues systématiques que l'Ecole a pu ajouter à des dogmes, n'en ſçauroient altérer eſſentiellement l'intégrité, étant toujours facile de diſtinguer la parole de Dieu de l'enveloppe du langage humain. Malgré tous les raiſonnements de l'Ecole touchant l'uſure, reſte toujours, ainſi qu'on l'a toujours cru & enſeigné, que, dans le droit, l'uſure eſt un crime, & que dans le fait elle conſiſte à prendre occaſion du prêt, pour violer ou la juſtice ou la charité. Que les Scholaſtiques aient eu raiſon ou tort de généraliſer cette vérité, de la faire naître d'un principe abſtrait, en un mot, de l'aſſujettir à un plan ſyſtématique; c'eſt à quoi la Morale chrétienne n'a, quant au fond, ni à gagner ni à perdre. A l'égard du nouveau ſyſtême, qui met en thèſe générale que tout intérêt de l'argent eſt de ſa nature une exaction uſuriere & criminelle, rien n'eſt plus facile que de faire évanouir ce ſyſtême, & de faire reparoître dans ſa ſimplicité la doctrine des anciens; puiſque les Scholaſtiques ne ſçauroient empêcher qu'on n'ait droit de reſtreindre leur aſſertion générale, aux ſeuls cas où l'intérêt de l'argent bleſſe les droits de la charité ou de la juſtice; étant inconteſtable, comme il ne faut pas ſe laſſer de le répéter, qu'un traité ne peut être uſuraire quand l'emprunteur n'a aucun lieu de s'en plaindre.

Il est donc certain que si jamais système a été indifférent à l'intérêt essentiel de la tradition Ecclésiastique, c'est celui que le treizieme siécle a vu naître au suje de l'usure; & ce qui éloigne à jamais tout doute à ce sujet, c'est que ce système, malgré la vogue qu'il a eue & qu'il a encore, n'a jamais été soutenu uniformément, & qu'il a eu dans tous les siécles des contradicteurs & des adversaires célebres, comme on le montrera dans la suite de cet écrit.

La piece fondamentale du systême fabriqué par les Scholastiques, est que tout intérêt de l'argent est en soi, chose inique & criminelle, inséparable d'une malice & d'une injustice radicale & intrinséque, & proscrite par le Droit Naturel.

Cette assertion, empruntée de la Philosophie Péripatéticienne, met de niveau la stipulation des intérêts avec le mensonge, la fourberie ou le parjure, criminels de leur nature : il n'étoit pas possible que cette assertion, si peu évidente en elle-même, ne présentant que des rapports de pure abstraction, & par conséquent obscure, ne trouvât une foule de contradicteurs. Elle en a trouvé, en effet, même parmi les partisans de la doctrine rigide sur l'usure : sa fausseté a paru évidente au plus profond & au plus célebre de nos Moralistes (*f*).

Il est clair, sans doute, que tout traité onéreux & injuste envers l'emprunteur, est, sous ce rapport, contraire au Droit Naturel, à raison de l'injustice qu'il présente, & de la prohibition du précepte, *non furtum facies.* Mais la qualification d'usuraire est attachée alors, non à la nature du contrat, mais à la circonstance qui le rend injuste, faute d'égalité dans la condition de chacune des parties. Prétendre que c'est uniquement l'opposition au *Droit Naturel*, qui rend ce même contrat usuraire, c'est présenter une chose sous une expression vague & obscure ; c'est même donner dans une pétition de principe ; puisque c'est dire que tel traité est usuraire, c'est-à-dire injuste, puisqu'il est contraire au Droit Naturel, c'est-à-dire, parce qu'il est injuste. Étant incontestable & avoué qu'il est des stipulations d'intérêt qui sont licites, il n'est plus possible de mettre en thèse générale que tout intérêt de l'argent est intrinséquement criminel, & essentiellement contraire au Droit Naturel, comme on le démontrera ci-après.

(*f*) M. Nicole, dont on rapportera un passage remarquable, dans le chap.

Voilà néanmoins la source d'où l'on a voulu tirer la regle qui doit diriger la conscience & les procédés des riches, des Gens d'affaires & des Négociants, qui doit réprimer leur avidité, & leur faire éviter tout profit usuraire. On veut que la notion vague du Droit Naturel devienne une régle applicable à mille cas tous différents les uns des autres, & que ce soit la voix de la nature qui prononce sur leur légitimité ou leur illégitimité. Il ne faudra point dire : Tel traité renferme de l'usure, parce qu'on y trouve une inégalité notable, une injustice sensible. Il faudra dire que ce traité est injuste, parce qu'il est en opposition avec la loi de *la nature.*

Ce faux principe, adopté, dans un siécle d'ignorance & de barbarie, par les Ecoles, y a été maintenu & transmis avec autant de zèle que si c'eût été la vérité la plus claire & la plus intéressante de la Morale. Thomistes & Scotistes, Réalistes & Nominaux étoient tous trop prévenus en faveur de ce systême, pour oser le soumettre à un examen réfléchi. A peine s'est-il trouvé dans chaque siécle, depuis saint Thomas, quelques génies heureux & supérieurs aux idées vulgaires. Ce n'est pas une petite autorité, que celle des Cardinaux d'Ostie, de Cambrai, Giles Romain, Cajetan, de

Lugo, & celle des Docteurs Major, Navarre, Covarruvias, Cabassut, Launoi, Magnan, les Conférences de Condom, *&c.* Ces exceptions & quelques autres, qu'on oppose au torrent des Scholastiques, prouvent que des erreurs choquantes, quelque autorisées qu'elles soient, ne passent point sans réclamation.

Une révolution mémorable favorisa indirectement, dans le dernier siécle, le systême dont nous parlons : ce fut le décri général où tomberent presque tout-à-coup tous ces Casuistes, alors si nombreux & si renommés, qui sembloient s'être concertés pour dépraver l'entier corps de la Morale, & la mettre au niveau des penchants de la cupidité. Les immortels écrits de Pascal, Arnaud & Nicole, ainsi que ceux des Curés de Paris & de Rouen, couvrirent d'opprobre ces corrupteurs de la doctrine Evangélique. Mais quoique, en réfutant leurs erreurs sur l'usure, on n'eût pas touché à la question dont il s'agit ici, concernant la Sanction du Droit Naturel, & qu'on n'eût en vue que de proscrire les injustices qu'autorisoient ces faux Docteurs, & les mauvaises subtilités dont ils les voiloient, il n'est pas étonnant que l'odieux de leur doctrine donnât un nouveau poids à l'opinion qui faisoit contraster la stipulation des intérêts avec la prohibition du Droit Naturel.

Le célebre P. Magnan, génie né pour les plus sublimes spéculations, ne pouvoit prendre un temps moins opportun, pour publier son traité *de Usu licito & illicito pecuniæ.* Il fut proscrit comme pernicieux, parce qu'on fut moins frappé de la force de ses raisonnements présentés sous une forme géométrique, qu'on ne fut alarmé d'un langage trop favorable à celui des Casuistes relâchés.

Enfin quantité de propositions qui autorisoient le trafic usuraire, n'ont pu être condamnées par le Pape Innocent XI, par l'assemblée du Clergé de France de 1700, & par la Faculté de Théologie de Paris, sans accréditer indirectement l'erreur que l'on combat ici, quoiqu'on ne doive pas confondre l'assertion qui proscrit l'usure, avec celle qui prétend tirer cette condamnation du droit naturel.

C'est faute d'avoir saisi cette distraction essentielle, & en conséquence des préjugés dont on vient de parler, qu'on a tant écrit sur cette matiere depuis un siécle. Si la dispute avoit été réduite & simplifiée comme elle devoit l'être, le sçavant Broëdersen,

Allemand, se seroit épargné la peine de publier sur ce sujet un *in-folio*, & le célebre Concina n'auroit pas rempli de ses compilations un *gros in-4°*. L'Auteur du *Traité du Prêt du Commerce*, en cinq Volumes, auroit été bien moins diffus, & celui du *Traité des Principes Théologiques, Canoniques & Civils*, n'auroit pas surchargé cette controverse de quatre Volumes. Enfin le public n'auroit pas été fatigué de tant d'autres petites productions, où l'on raisonne sur les matières de l'usure, comme on le faisoit il y a deux ou trois siécles.

Cependant le vieux systême, misérable reste de la Philosophie Péripatéticienne, est toujours étayé d'une autorité imposante; & le très-grand nombre des Théologiens modernes, se rendant les échos les uns des autres, ne cessent de répéter que la stipulation des intérêts est essentiellement contraire au droit naturel, positif divin, canonique & civil; & c'est ce qu'on lit dans des Ouvrages d'ailleurs estimables, tels que la Morale de Grenoble, le Catéchisme de Montpellier, les Conférences de Paris, *&c.*

L'effet de ce conflit d'opinions, est que la stipulation des intérêts est presque généralement proscrite, comme opposée au droit naturel, dans la Capitale & la plupart des Provinces, qu'elle eſt approuvée ou au moins tolérée dans les grandes Villes de Commerce, telles que Lyon, Bordeaux & Marſeille; que dans les Pays-Bas elle n'eſt condamnée que par ce petit nombre de Caſuiſtes rigides; qu'il en eſt à-peu-près de même en Allemagne, en Eſpagne & en Italie; qu'étant regardée ainſi d'un œil ſi différent parmi les Catholiques, elle eſt admiſe comme très-juſte dans les pays Proteſtants; & qu'il n'eſt pas rare qu'un Négociant religieux, qui eſt ſouvent dans le cas de ſe déplacer, ſoit approuvé & condamné alternativement, pour les intérêts qu'il exige, ou même pour ceux qu'il paie; enfin que la nature de la ſtipulation d'intérêt eſt une pierre d'achopement & un ſignal de diviſion, pour les divers Tribunaux de Juſtice, pour les Juriſconſultes, les Philoſophes, ainſi que les Moraliſtes; & que le Gouvernement, d'ailleurs le plus modéré & le plus ſage, rend hommage tour-à-tour à la barbarie de nos anciennes Loix civiles, & à l'équité de nos Loix de Commerce.

Comment un point de morale, auſſi ſimple en lui-même, auſſi important pour l'ordre politique, & pour la régle des mœurs, a-t-il pu être le ſujet de ſi bizarres contradictions ? Question d'autant plus digne d'être approfondie, que la vérité est toujours d'accord avec elle-même, qu'elle n'admet point de conflit entre les devoirs & les intérêts de la société, & que cette misérable dispute, inconnue dans les beaux siécles de la Religion Chrétienne, a pris sa naissance dans des temps d'ignorance & de barbarie.

CHAPITRE III.

Où l'on expoſe, d'après le témoignage de Lactance, les ſentiments de l'Antiquité au ſujet du Prêt à intérêt, & où on les compare avec les nouvelles idées qu'on en a depuis quelques ſiécles. Examen des cauſes qui ont produit cette diverſité de vues, par un Auteur célebre. Motifs eſſentiels pour ne pas raiſonner ſur cette matiere, comme on le faiſoit dans les temps reculés.

AFIN de répandre plus de jour ſur le fond de la controverſe touchant l'uſure, & pour faire mieux ſaiſir les divers points de vue qu'elle offre, & qu'on vient d'indiquer dans le Chapitre précedent, il eſt important de comparer la façon de penſer qu'avoient les anciens ſur cette matiere, avec celle des modernes depuis le treizieme ſiécle. Il réſultera de cette comparaiſon que les Scholaſtiques n'ont fait qu'obſcurcir les idées qu'avoit l'antiquité ſur l'uſure, dont ils ont fait le ſujet de leurs vaines ſpéculations ; & l'on ſera moins ſurpris enſuite de la frivolité & de l'abſurdité des principes, qu'une fauſſe Philoſophie a introduits dans les Ecoles.

Pour être inſtruit du commun langage des anciens Peres de l'Egliſe, au ſujet de l'uſure, il ſuffira d'entendre ce qu'en diſoit le célebre Lactance, l'un des plus éloquents Ecrivains des premiers ſiécles du Chriſtianiſme :

» Quand il s'agit de ſecourir le pro-» chain, le créancier doit ſe contenter du » rembourſement de ce qu'il a prêté, lui » qui d'ailleurs ne doit point tenir à ſon » bien quand l'occaſion ſe préſente de » faire une bonne œuvre. Il n'eſt pas » juſte d'exiger plus qu'on n'avoit prêté. » C'eſt tendre des piéges, & profiter de » la miſere d'autrui. Le vrai juſte ne perd » aucune occaſion de ſe montrer miſéricor-» dieux, & il n'aura garde de ſe ſouiller » par des uſures pareilles. Il aura au con-» traire l'avantage de conſerver ſon bien, » & de compter au rang des bonnes œuvres » les prêts qu'il fera. Il n'acceptera aucun » préſent de la part du pauvre, & les ſer-» vices qu'il lui aura rendus ſeront d'autant » plus méritoires, qu'ils n'auront eu pour » motif aucune vue d'intérêt propre (*a*). «

(*a*) » In hoc genere officii, debet creditor ſuo eſſe » contentus, quem opertent aliàs ne proprio qui-» dem parcere ut bonum faciat : plus autem acci-» pere quàm dederit, injuſtum eſt ; quod qui facit

Ces réflexions de Lactance sont à-peu-près les mêmes qu'on retrouve dans les anciens Peres Grecs & Latins, ainsi que dans les Conciles. On y voit par-tout que les anciens, simples dans leurs vues, se bornoient à condamner le trafic des intérêts, par l'opposition qu'ils y voyoient avec le désintéressement, la bienfaisance & la charité (*b*).

C'est à cet objet que doit s'appliquer la maxime qu'on avoue avoir été commune parmi les Ecrivains Ecclésiastiques qui ont

---

» insidiatur quodammodo, ut ex alterius necessitate » prædetur. At justus nunquam prætermittit quominus aliquid misericorditer faciat, nec inquinabit se » hujusmodi questu; sed efficiet ut sine suo damno, » id ipsum quod commodat, inter bona opera numeretur. Munus non accipiet à paupere, ut si quid » ipsi præstiterit, eò bonum sit quòd gratuitum ». *Divinor. Institut. lib.* 4. *cap.* 18.

(*b*) Saint Léon, Pape, *serm. de jejunio decimi mensis & de eleemosinis* 6, dit que celui qui retire de son argent un intérêt frauduleux, se montre étranger à la maison du Seigneur, & indigne de monter sur la montagne sainte, & que cherchant à s'enrichir, en faisant tort à son prochain, il mérite d'être puni par une pauvreté éternelle : *A tabernaculo Dei ostenditur alienus, & à sancto monte ejus extraneus, qui dolosum quæstum de pecuniæ suæ captat usuris, & dum per aliena cupit damna ditari, æterna dignus est egestate puniri.* Brev. Paris. Dom. 3. Adventûs, lect. 6.

précédé le douzieme ſiécle, & qui conſiſte à donner le nom d'uſure à tout ce qu'on exige au-delà de ce qu'on a prêté. Car ce ſeroit-là une fauſſe régle, comme on l'a déja obſervé, ſi l'on vouloit en faire l'application à toute ſtipulation d'intérêt; y en ayant inconteſtablement qui ſont légitimes, dès qu'il ne s'agit point de prêter par un motif de charité. Mais ce qu'on ne doit pas perdre de vue, c'eſt que dans tous les monuments de la tradition, que font valoir les Théologiens Rigoriſtes, la proſcription de l'intérêt uſuraire eſt fondée ſur des raiſons ſimples & naturelles, c'eſt-à-dire, ſur les droits de l'humanité, de la charité & de la juſtice; & non ſur des ſubtilités vaines, ſur des raiſonnements alambiqués, au moyen deſquels les Scholaſtiques, qui ont voulu prendre une autre route que celles des Peres, ont embrouillé cette matiere, & donné lieu, par des principes nouveaux, à d'éternelles diſputes.

Ainſi, quoique l'uſure en général ſoit peinte chez les anciens, par les couleurs les plus noires, & qu'ils la comparent ordinairement au crime des voleurs, des aſſaſſins, des homicides; il ne réſulte pas moins de leur doctrine, que tout contrat, où l'on ne viole ni la loi de la charité, ni celle de la juſtice commutative, doit être à couvert de tout reproche d'ufure, comme on aura occafion de le redire encore.

Cependant il eft effentiel d'obferver ici quelles ont été les caufes qui ont donné lieu aux Ecrivains de la vénérable Antiquité de déclamer avec tant de véhémence contre le prêt à intérêt, & qui en ont infpiré tant d'horreur de fiécle en fiécle jufqu'au treizieme, où il plut aux Scholaftiques de réduire en fyftême l'ancienne doctrine, d'après les idées courantes que la révolution des temps avoit ajoutées aux notions générales qu'on avoit auparavant fur l'ufure. Ecoutons fur ce point intéreffant les réflexions d'un grand génie (*c*).

» Les Théologiens n'ont imaginé des » raifons pour condamner le prêt à inté- » rêt, que parce qu'il étoit déja flétri par » les cris des peuples, auxquels les ufu- » riers ont été de tout temps odieux, & il » eft dans la nature des chofes qu'ils le » foient. Car quoiqu'il foit doux de trou- » ver à emprunter, il eft dur d'être obligé » de rendre. Le plaifir d'être fecouru dans

(*c*) M. Turgot, dans fon Avis mff. envoyé au Confeil d'Etat en 1770, fur la grande affaire des Négocians d'Angoulême, §. 29. On rapportera à la fin de l'Ouvrage l'Arrêt du Confeil rendu dans cette affaire.

» ſon beſoin, paſſe avec la ſatisfaction de » ce beſoin. Bientôt le beſoin renaît ; la » dette reſte, & le poids s'en fait ſentir à » tous les inſtants, juſqu'à ce qu'on ait pu » s'acquitter. De plus, on ne prête jamais » qu'un ſuperflu, & l'on emprunte ſouvent » le néceſſaire ; & quoique la Juſtice rigou- » reuſe ſoit entierement pour le prêteur- » créancier, qui ne réclame que ce qui » eſt à lui, l'humanité, la commiſération » & la faveur penchent toujours pour le » débiteur. On ſent que celui-ci, en ven- » dant, ſera réduit à la miſere, & que le » créancier peut vivre, malgré la priva- » tion de ce qui lui eſt dû.

» Ce ſentiment a lieu lors même que le » prêt a été purement gratuit ; à plus forte » raiſon, lorſque le ſecours donné à l'em- » prunteur ne l'ayant été que ſous la con- » dition d'un intérêt, il a reçu le prêt ſans » reconnoiſſance : c'eſt alors qu'il ſouffre » avec amertume & indignation les pour- » ſuites que fait contre lui le créancier pour » l'obliger à rendre.

» Dans les ſociétés naiſſantes, lorſque » l'on connoiſſoit à peine le Commerce, » & encore aujourd'hui dans celles où le » Commerce eſt peu animé, l'on emprunte » peu dans la vue de faire des entrepriſes » lucratives, & par conſéquent l'on n'em-

» prunte que pour satisfaire à un besoin
» pressant. Il n'y a que le pauvre ou
» l'homme dérangé qui emprunte ; & l'un
» ni l'autre ne peut rendre qu'en consé-
» quence d'événements heureux , ou par
» le moyen d'une extrême économie ; par
» conséquent l'un & l'autre sont souvent
» insolvables ; & le prêteur court des risques
» d'autant plus grands. Plus le prêteur est dans
» le cas de perdre son capital, plus il faut
» que l'intérêt soit fort pour contrebalan-
» cer ce risque par l'appât du profit. Il faut
» gagner sur l'intérêt., qu'on tire du petit
» nombre d'emprunteurs solides , le capital
» & les intérêts qu'on perdra par la ban-
» queroute de ceux qui ne le feront pas.
» Ainsi plus le besoin qui fait emprunter
» est urgent, plus l'intérêt est fort. C'est
» par cette raison que l'intérêt à Rome étoit
» excessif : celui de douze pour cent pas-
» soit pour modéré : on sçait que cet inté-
» rêt de douze pour cent a été long-temps
» en France l'intérêt courant. Avec un in-
» térêt aussi fort, quiconque ne fait pas
» un emploi prodigieusement lucratif de
» l'argent qu'il emprunte , quiconque em-
» prunte pour vivre ou pour dépenser , est
» bientôt entierement ruiné & réduit à l'im-
» puissance absolue de payer. Il est impos-
» sible que dans cet état, le créancier, qui

» lui redemande son dû, ne lui soit pas » odieux. Il le seroit, quand même il ne » demanderoit que la somme précise qu'il » a prêtée ; car à qui ne peut rien payer, » il lui est égal qu'on lui demande peu ou » beaucoup. Mais alors le débiteur n'ose-» roit pas avouer cette haine ; il sentiroit » quelle injustice atroce il y auroit à se » faire du bienfait, un titre pour haïr le » bienfaiteur. Il ne pourroit se cacher que » personne ne partageroit une haine aussi » injuste, & ne compatiroit à ses plaintes. » Mais, en les faisant tomber sur l'énormité » des intérêts, que le créancier a exigés » de lui, en abusant de son besoin, il trouve » dans tous les cœurs la faveur qu'inspire » la pitié ; & la haine contre l'usurier de-» vient une suite de cette pitié. Cette haine » est d'autant plus générale, que le nom-» bre des emprunteurs indigents est plus » grand, & celui des riches prêteurs plus » petit. On voit que dans les dissensions » entre le peuple & les grands, qui ont » agité si long-temps la République Ro-» maine, le motif le plus réel des plaintes » du peuple, étoit l'énormité des usures, » & la dureté avec laquelle les Patriciens » exigeoient le paiement de leurs créan-» ces. La fameuse retraite sur le *Mont sacré* » n'eut pas d'autre cause. Dans toutes les

» Républiques anciennes, l'abolition des » dettes fut toujours le vœu du peuple, & » le cri des ambitieux qui captoient la faveur » populaire. Les riches furent quelquefois » obligés de l'accorder pour calmer la fou- » gue du peuple, & prévenir des révolu- » tions plus terribles. Mais c'étoit encore » un risque de plus pour les préteurs; & » par conséquent l'intérêt de l'argent n'en » devenoit que plus fort. La dureté avec » laquelle les loix, toujours faites pour les » riches, autorisoient à poursuivre les dé- » biteurs, ajoutoit infiniment à l'indigna- » tion du peuple débiteur contre les usu- » res & les usuriers. Non-seulement les » biens, mais la personne même du débi- » teur étoit affectée à la sûreté de la dette. » Quand il étoit insolvable, il devenoit » l'esclave de son créancier. Celui-ci étoit » autorisé à le vendre à son profit, & à » user à son égard du pouvoir illimité que » l'ancien droit donnoit au maître sur » son esclave, lequel s'étendoit jusqu'à le » faire mourir arbitrairement. Un tel excès » de rigueur ne laissoit envisager au mal- » heureux obéré qu'un avenir plus affreux » que la mort; & l'impitoyable créancier » lui paroissoit le plus cruel de ses enne- » mis. Il étoit donc dans la nature des » choses que l'usurier ou le préteur à intérêt

» fût par-tout l'objet de l'exécration publi- » que, & regardé comme une sangsue » avide, engraissée de la substance & des » pleurs des malheureux.

» Le Christianisme vint, & rappella les » droits de l'humanité trop oubliés. L'esprit » d'égalité, l'amour de tous les hommes, » la commisération pour les malheureux, » qui forment le caractere distinctif de » cette Religion, se répandirent dans les » esprits. Le riche fut adouci : le pauvre » fut secouru & consolé. Dans une Reli- » gion qui se déclaroit la protectrice des » pauvres, il étoit naturel que les Prédi- » cateurs, en se livrant à l'ardeur de leur » zèle, adoptassent une opinion qui étoit » devenue le cri du pauvre, & que n'en- » visageant point le prêt à intérêt en lui- » même, & dans ses principes, ils le con- » fondissent avec la dureté des poursuites » exercées contre les débiteurs insolvables. » De-là, dans les anciens Docteurs de » l'Eglise, cette tendance à regarder le » prêt à intérêt comme illicite, tendance » qui cependant n'alla pas (& il est impor- » tant de le remarquer) jusqu'à regarder » cette opinion comme essentiellement liée » avec la foi. Le Droit Romain, tel que » nous l'avons, rédigé dans un temps où » le Christianisme étoit la seule Religion

» de l'Empire, & dans lequel le prêt à » intérêt est expressément autorisé, prouve » incontestablement que ce prêt n'étoit point » proscrit par la Religion.

» Cependant l'opinion la plus rigide & » la plus populaire prit peu-à-peu le dessus; » & le plus grand nombre des Théologiens » s'y rangea, sur-tout dans les siécles d'igno- » rance qui suivirent. Mais tandis que le cri » du peuple contre le prêt à intérêt le » faisoit proscrire, l'impossibilité de l'abolir » entierement fit imaginer la subtilité, de » l'aliénation du capital : & c'est ce systême » qui, étant devenu presque général parmi » les Théologiens, est devenu aussi celui » des Jurisconsultes, par l'influence beau- » coup trop grande qu'ont eu sur notre » Jurisprudence & notre législation les » principes du Droit Canon.

» Dans cette espece de génération des » opinions contraires au prêt à intérêt, on » voit que les peuples, poursuivis par d'im- » pitoyables créanciers, ont imputé leur » malheur à l'usure, & l'ont regardée d'un » œil odieux; que les personnes pieuses & » les Prédicateurs ont partagé cette im- » pression, & déclamé contre l'usure; que » les Théologiens, persuadés par ce cri » général, que l'intérêt étoit condamnable en » lui-même, ont cherché des raisons pour

» prouver

» prouver qu'il devoit être condamné, & » qu'ils en ont trouvé mille mauvaises, » parce qu'il étoit impossible d'en trouver » une bonne ; qu'enfin les Jurisconsultes, en- » traînés par leur respect pour les déci- » sions des Théologiens, ont introduit les » mêmes principes dans notre législa- » tion (*d*). «

Nous ne pouvions ni remplacer cette foule d'observations judicieuses, ni raccourcir un texte, dont la beauté fait oublier la longueur. Voilà donc les vraies causes de cette horreur générale, qu'on remarque dans les plus anciens Ecrivains, contre le prêt à intérêt, dans des temps où le Commerce (devenu la ressource des sociétés policées, depuis la communication de l'ancien monde avec le nouveau) étoit infiniment borné, & n'étoit exercé que par les esclaves. C'étoit alors la charité qui sollicitoit les prêts, & l'on empruntoit presque toujours pour vivre. L'argent n'étoit pas, comme de nos jours, sur le pied des autres marchandises, ayant un prix tout différent dans les affaires civiles, à la banque & dans les places de Commerce. Son principal emploi n'étoit pas de former des capitaux productifs, qui sont l'unique prin-

(*d*) Ibidem, §. 30.

cipe de l'Agriculture, du Négoce, des Arts méchaniques, & de la ſubſiſtance des peuples.

Cet ordre de choſes étant inconnu dans l'antiquité, ainſi que nos traités de Commerce, encore plus lucratifs pour l'emprunteur que pour le préteur, il a dû arriver que la probité & l'eſprit de Religion fiſſent enviſager ſous le point de vue le plus odieux toute ſtipulation d'intérêts, dans des circonſtances où les prêts devoient en effet être gratuits.

Dans le treizieme ſiécle, où le Commerce n'étoit ni plus en vogue, ni moins aviliſſant, les Scholaſtiques qui avoient la manie d'amalgamer les vérités de la Religion avec les idées Péripatéticiennes, d'expliquer les unes par les autres, & de faire parler alternativement les Livres ſaints & Ariſtote, ne pouvoient manquer d'exercer l'art des ſubtilités ſur l'uſure, & d'en faire le ſujet d'un ſyſtême de leur façon, ainſi qu'on va le voir dans le Chapitre ſuivant.

CHAPITRE IV.

Fausses idées d'Aristote sur la nature du Prêt à intérêt. Saint Thomas en fait le fond de son systême sur l'usure. Réfutation de ce Systême. Il se perpétue dans les Ecoles, & il est suivi jusqu'à nos jours par la foule des Théologiens, & par des Auteurs célebres. Frivolité de leurs raisons.

On sçait que les Ecrits d'Aristote, tels que les Arabes les firent passer en Occident, furent pendant bien des siécles du plus grand poids dans les Ecoles. Voici quels étoient les raisonnements scientifiques de ce fondateur de la Philosophie Péripatéticienne, au sujet du prêt à intérêt (*a*) :

(*a*) » Ea pecuniæ quærendæ ratio, naturæ consentanea omnibus est, quæ à fructibus & animalibus ..... illa autem quæ in mutatione nummi consistit, meritò vituperetur ; non enim naturæ consentanea est, & in ea alter ab altero lucrum aucupatur. Optimâ ratione omnibus odio est ratio fœneratrix, quòd ab ipso nummo quæstus fiat, & non ad quam rem paratus est, usurpent : permutationis enim gratiâ natus est. Fœnus autem eum auget & multiplicat..... in fœnore autem pecunia pecuniæ partus ac fœtus est. Quapropter maximè

» La vraie maniere de faire profiter » l'argent qui, selon tout le monde, est » conforme à la nature, c'est de tirer parti » des terres & des bestiaux. Celle qui con- » siste à faire courir & valoir son argent » est justement condamnée : car elle n'est » pas conforme à la nature, & elle fait » que l'un cherche à faire des profits sur » l'autre. C'est à juste titre que cette pra- » tique usuraire est en horreur à tout le » monde, parce que, au lieu de laisser à » l'argent sa destination, elle en fait retirer » un gain. Car il est destiné seulement à » servir pour les échanges & pour les achats, » au lieu que l'intérêt l'augmente & le mul- » tiplie. Dans la pratique de l'usure, l'ar- » gent est la production & le fruit de l'argent. » Ainsi de toutes les manieres d'acquérir » de l'argent, celle-ci est la plus contraire à » la nature (*b*). «

» omnium quærendæ pecuniæ rationum abhorret » hæc à natura «. *Lib. I. de Republica.*

(*b*) On se fait un devoir d'avertir que, suivant nos meilleurs Critiques, on doit attribuer aux Arabes, qui nous ont fait passer les Ecrits d'Aristote, diverses opinions qui sont autant d'altérations faites à ses ouvrages, & réellement indignes de ce rare génie, dont toutes les idées sont grandes & lumineuses, & qui n'ignoroit rien de ce qu'il étoit possible de sçavoir de son temps ; mais il a bien fallu envi-

Voilà les raiſons ſingulieres qu'Ariſtote a puiſées dans ſes ſpéculations métaphyſiques, pour aſſigner le vice formel de l'uſure. On ſent aſſez que ce vice doit conſiſter dans le violement des droits de l'humanité ou de la juſtice. Mais ce point de vue eſt ſenſible & trivial, & Ariſtote aimoit, dans les raiſonnements, le myſtérieux des ſubtilités. Ainſi l'intérêt du prêt eſt, à ſon avis, eſſentiellement criminel, parce que la raiſon veut qu'on n'augmente ſes richeſſes que du produit des terres ou des beſtiaux, & qu'on reſpecte la deſtination naturelle de l'argent, qui eſt de ſervir à faire des achats. Ce qui rend ſur-tout l'exaction de l'intérêt criminelle & déteſtable, c'eſt que celui qui l'exige, veut renverſer l'ordre de la nature, en ce qu'il prétend qu'une piéce d'argent monnoyé en produiſe une autre, comme on voit un animal produire ſon ſemblable, ce qui viole évidemment l'ordre naturel. En un mot, le Prince des Philoſophes décide ici un point de morale par le même principe qu'il employoit pour prononcer ſur des phénomenes de Phyſique. Il enſeignoit qu'il n'exiſte point de vuide dans l'univers, parce que la nature en a horreur, *natura*

ſager ici les écrits d'Ariſtote, comme les ont cru tous les Scholaſtiques.

abhorret à vacuo. Il enseignoit aussi que l'exaction de l'intérêt de l'argent est criminelle, parce que la nature en a horreur, *hæc pecuniæ quærendæ ratio maximè abhorret à natura.*

Que cette pitoyable maniere de raisonner ait passé des écrits d'Aristote dans l'Ecole, c'est de quoi on ne peut douter. » La » Philosophie d'Aristote, dit Montesquieu, » ayant été portée en Occident, elle plut » beaucoup aux esprits subtils qui, dans le » temps d'ignorance, sont les beaux esprits. » Les Scholastiques s'en infatuerent, & prirent » de ce Philosophe leur doctrine sur le » prêt à intérêt. Ils le confondirent avec » l'usure, & le condamnerent (*d*). «

Saint Thomas d'Aquin qui, né dans un autre temps qu'un siécle de barbarie, eût égalé peut-être les plus grands génies qui aient existé, par la facilité & la pénétration les plus extraordinaires, mit en vogue la Philosophie Péripatéticienne, soit par le sçavant Commentaire qu'il fit sur ce Philosophe, contre l'abus qu'en faisoient alors les ennemis du Christianisme, soit par l'usage qu'il fit de son autorité, dans la plupart de ses autres Ecrits très-volumineux. Ceux d'Aristote, dans un temps où la rareté des

(*c*) Esprit des Loix, *Liv. XXI. art.* 16.

Livres étoit extrême, lui tenoient lieu de Bibliothéque, après l'Ecriture & les anciens Peres de l'Eglise.

Or c'est d'après le langage d'Aristote, qu'on vient de rapporter, que le Docteur Angélique a établi cette maxime fondamentale, Que l'intérêt du prêt est un mal essentiel, intriseque, radical, & que rien ne peut couvrir, comme étant contraire au droit naturel. Ce principe, une fois posé, a été fécond en conséquences; & les Scholastiques, dont saint Thomas a été le chef le plus célébre, n'ont pas manqué d'adopter la même maxime, & de la transmettre jusqu'à nos jours: Rapportons les propres paroles de l'Ange de l'Ecole:

» Dicendum quòd accipere usuram pro » pecunia mutuata, est per se injustum, quia » venditur id quod non est, per quod ma- » nifestè inæqualitas constituitur quæ justitiæ » contrariatur: ad cujus evidentiam scien- » dum est quòd quædam res sunt, quarum » usus est ipsarum consumptio, sicut vinum » consumimus eo utendo ad potum: undè in » talibus non debet computari seorsim usus rei » ab ipsa re; sed cuicumque conceditur usus, » ex hoc in ipso conceditur res; & propter » hoc in talibus transfertur dominium. Si quis » ergò vellet vendere vinum, & vellet seorsim » vendere usum vini, venderet eandem rem

» bis, vel venderet id quod non eſt, undè » manifeſtè per injuſtitiam peccaret. Simili » ratione injuſtitiam committit qui mutuat » vinum aut triticum, petens ſibi duas » compenſationes, unam quidem reſtitu- » tionem rei æqualis, alteram pretium usûs, » quod uſura dicitur. Quædam verò ſunt » quorum uſus non eſt ipſa conſumptio ... » ut patet in conductione vel locatione do- » mûs...... Pecunia autem, ſecundùm » Philoſophum (in 5. Ethic. & in 1. Polit.) » eſt inventa ad commutationes facien- » das..... propter hoc eſt ſecundùm ſe illi- » citum pro uſu pecuniæ mutuatæ acci- » pere pretium. 2. 2. *quæſt.* 78, *art.* 2.

Tâchons de bien ſaiſir les principes que poſe ici ſaint Thomas, les conſéquences qu'il en tire, & celles qu'il donne lieu de tirer contre ſon ſyſtême.

Obſervons, 1°. que le premier reproche que fait le ſaint Docteur au prêt à inté-rêt, eſt de violer la juſtice, en faiſant ceſſer l'égalité entre le préteur & l'emprunteur. Il n'avoit donc nul beſoin de forger un ſyſtême ; & il devoit s'en tenir à la no-tion de la juſtice & de l'égalité morale, pour juger de la légitimité de tout contrat, dont la véritable régle étoit dès-lors toute trouvée.

2°. Il emprunte d'Ariſtote ce prétendu

principe, que l'argent n'étant destiné qu'à procurer les choses dont on a besoin, c'est le dénaturer & agir contre l'ordre prescrit de la nature, que de vouloir en tirer quelque profit : conséquence qui n'a aucune liaison avec le principe. Si l'argent est destiné à procurer tout ce dont on a besoin, il ne sera pas hors de sa destination si on l'emploie à l'achat de marchandises ou denrées qui seront l'objet d'une entreprise. D'ailleurs, la maxime dont il s'agit, militeroit également contre les stipulations d'intérêts qu'on regarde comme les plus légitimes : car ce qui est mauvais de sa nature, *secundùm se*, ne sçauroit être légitimé par aucune circonstance.

3°. Saint Thomas fait dépendre l'essence de l'usure, de la nature des choses que l'on prête, comme se détruisant par l'usage qu'on en fait; par où il établit une différence essentielle entre le prêt des choses dont on ne peut rendre que l'équivalent, & le prêt où l'on ne céde que l'usage d'un effet quelconque, qu'on doit rendre *individuellement.* Mais outre que rien n'est plus oiseux ni moins décisif que cette différence entre l'une ou l'autre espece de prêt, peut-on dire de l'argent qu'il se consume par l'usage, ainsi que les provisions de denrées ? L'argent, à la vérité, passe d'une main à l'autre, & circule perpétuellement, parce qu'il ne peut avoir d'autre usage. Mais c'est de tous les objets commerçables, celui qui se consume, qui se détruit le moins, puisqu'il subsiste toujours après les achats qu'on en a faits, & qu'il ne cesse jamais d'en procurer d'autres. Sa nature est encore plus durable, plus permanente que celle de tout effet qu'on donne à location.

4°. Cependant le saint Docteur se fonde sur la vaine différence dont on vient de parler, pour conclure que l'emprunteur d'une somme d'argent, en acquérant le domaine & la propriété, les profits que peut produire cet argent, doivent nécessairement appartenir au débiteur, à l'exclusion du créancier. Mais qu'a de juste & de clair cette singuliere façon de raisonner? Que le débiteur ait ou n'ait pas la propriété de la somme qu'on lui a prêtée, rien n'est plus indifférent ni plus étranger à ses intérêts. Or se peut-il qu'une circonstance qui, dans la réalité, ne fait rien à la chose, en change néanmoins la nature, & qu'elle rende le louage de cette chose licite dans un cas & illicite dans l'autre? Ce paradoxe révolte d'autant plus la raison, que ceux qui le soutiennent donnent plus de faveur au prêteur qui ne céde que l'usage, & retient la propriété, qu'à celui qui céde à-la-fois & l'uſage & la propriété ; ce qui n'eſt pas ſans doute fort analogue à l'ordre de la *nature.*

5°. Un autre raiſonnement qu'emploie ſaint Thomas pour proſcrire, dans ſa racine & dans ſon eſſence, le prêt à intérêt, c'eſt que le créancier ſe fait payer ce qui n'exiſte pas, & qu'étant payé de ſes avances par la reſtitution de ſon capital, il ſe fait payer une ſeconde fois, en exigeant l'intérêt.

Mais, pour montrer que cet argument porte à faux, il ſuffit d'obſerver qu'on pourroit l'oppoſer également à l'exaction des intérêts reconnus pour juſtes & légitimes. Au ſurplus, quand je céde, pour un temps convenu, telle ſomme d'argent, ſous un intérêt conforme à l'uſage, je ne vends nullement ce qui n'exiſte pas : je céde, au contraire, une choſe bien réellement exiſtante, qui eſt l'avantage de poſſéder & faire fructifier cette ſomme d'argent. En me la rembourſant, le débiteur m'a-t-il payé les profits que j'étois le maître de retirer de tout autre emploi utile ? La ceſſion que je lui ai faite, n'eſt pas un avantage chimérique : il doit donc me la payer au prix convenu.

Tels ſont les raiſonnements que ſaint

Thomas avoit imaginés, d'après les faux principes d'Ariſtote, pour attaquer la nature du prêt à intérêt. Il ne falloit rien moins que la haute réputation du ſaint Docteur, & la vogue prodigieuſe qu'a eu toujours ſa *Somme*, pour faire adopter ſon ſyſtême par la foule des Théologiens. Le ſeul nom d'*Ange de l'Ecole* a dû impoſer ſilence aux contradicteurs, ſur-tout dans les matieres abſtraites, qu'il manioit avec une admirable facilité. Ce qui prouve néanmoins que ce ſyſtême n'a rien de ſolide, c'eſt que d'un côté il a fallu, avec le temps, y faire brêche, & l'altérer par beaucoup de reſtrictions, comme on l'a déja obſervé.

Que le fond de ce ſyſtême ait été tranſmis dans les Ecoles, depuis le treizieme ſiécle juſqu'à ces derniers temps, c'eſt de quoi l'on ne peut douter. Il eſt bon cependant de voir ici le témoignage d'un Théologien qui, dans le dernier ſiécle, a fait honneur à l'Ecole de Sorbonne par ſes lumieres & par la juſteſſe de ſon eſprit : c'eſt M. Holden, dans ſa Lettre ſur l'Uſure, qu'on trouve à la tête de ſon excellent Traité, qui a pour titre : *Divinæ Fidei Analyſes*, Edition de 1685.

Il commence par mettre en thèſe que tout profit que l'on retire du prêt, en détruit la nature : *Sequitur quòd per mutui donationem pecuniæ, quæſtum ſeu lucrum quocumque modo petere vel accipere, deficit à conditionibus mutui, & deſtruit naturam mutui donationis.*

C'eſt-là le fond de l'aſſertion d'Ariſtote & de ſaint Thomas : en voici les preuves. Si elles ſont mauvaiſes, c'eſt que M. Holden ne raiſonnoit qu'en qualité d'écho des autres Scholaſtiques, & d'après la routine.

„ 1°. Quia tametſi actu & de præſenti pe„ cunia tradatur, habet ſe tamen mutuo „ dans, quaſi apud ſe eſſet. 2°. Quia vult „ mutuo dans dominium & proprietatem „ ſibi reſervare. 3°. Quia vult fructum & „ quæſtum capere, quod eſt contrà pri„ mam rationem & naturam contractûs mu„ tui, & contrà præceptum Chriſti dicen„ tis : Date mutuum, nihil inde ſperantes. „ 4°. Quia dans mutuo agit quaſi adhuc „ apud ſe dominium retineret, & quaſi „ teneretur mutuo accipiens ad rem ipſam „ ſingularem reddendam. 5°. Quia non fit „ in bonum recipientis, ſed dantis. 6°. Quia „ non fit in bonum Reipublicæ. "

C'eſt apparemment le ſeul endroit de l'Ouvrage de M. Holden où il déraiſonne en ſtyle barbare. Rien de plus pitoyable que ces ſix preuves. On a déja vu ce qu'il faut penſer des quatre premieres. Les deux dernieres, dont il est le créateur, ne peuvent être appliquées au prêt du Commerce, dont il s'agit ici principalement ; puisque l'usage des capitaux qu'on y fait valoir, tourne également à l'avantage de l'emprunteur & du public.

La postérité trouvera incompréhensible que des idées creuses, décorées du nom de *principes*, aient percé depuis le treizieme siécle jusqu'au dix-huitieme, & qu'elles aient été adoptées comme évidentes par des esprits de la meilleure trempe. Elle s'étonnera de trouver ces puériles raisonnements, contre la nature du prêt à intérêt, dans des Ouvrages d'ailleurs aussi bien faits que le Catéchisme de Montpellier, la Morale de Grenoble, les Conférences de Paris, & dans tant d'autres Ecrits modernes. Elle admirera sur-tout que cette illusion ait été contagieuse pour des génies tels que celui de Bossuet (*d*) & de l'Abbé Duguet (*e*).

Qu'on nous permette de supposer ici que l'un de ces peres de famille qui, pour élever & établir leurs enfants, suppléent à la modicité de leur fortune, en plaçant entre les mains d'un Négociant le fruit de

---

(*d*) Dissertation sur l'Usure.

(*e*) Lettre à M. Brachman, Archevêque d'Utrecht.

leurs épargnes & de leur ſage économie, aille conſulter M. Boſſuet & M. Duguet, en qualité de Caſuiſtes. Ces deux Docteurs, qui ont tant fait d'honneur à la doctrine Chrétienne par leur éloquence & leurs lumieres, étonneront d'abord le bon citoyen, par des raiſonnements tournés avec art & préſentés avec énergie. Mais tout cela ne portera dans ſon eſprit ni la conviction, ni aucune lumiere.

» Votre pratique, lui diront-ils, eſt évi» demment uſuraire, & vous impoſe l'obli» gation de reſtituer au Négociant toutes » les ſommes qu'il vous a payées pour les » intérêts de votre capital, quelque beſoin » que vous ayez de ces intérêts pour faire » ſubſiſter votre famille ; & comprenez-en » bien la raiſon. C'eſt parce que la deſti» nation naturelle de l'argent eſt d'être em» ployé à des achats, & non de circuler » de main en main par le moyen du prêt » à intérêt, qui eſt contraire à la nature; » & encore, parce qu'en plaçant votre ar» gent, vous en avez perdu le domaine & » la propriété, laquelle a paſſé ſur la tête » du Négociant, à qui par-là appartiennent » tous les profits que ſon induſtrie en a » retirés ; & parce qu'enfin il eſt de la na» ture de l'argent d'être ſtérile ; ce qui doit » vous convaincre de la néceſſité où vous

» êtes, ſuivant les loix de la conſcience, » de reſtituer tous ces intérêts. «

Le bon pere de famille ouvrira de grands yeux à ces mots de *nature*, de *deſtination*, de *domaine*, de *propriété* & de *ſtérilité*. Mais ſa réponſe ſera naturelle & ſenſée.

» Vos raiſonnements ſur le prêt à intérêt » ſont, à mon égard, couverts d'un épais » nuage ; je ne ſçaurois les déchiffrer. Tout » ce que je vois de clair, eſt que le crime » d'un uſurier doit conſiſter à appauvrir ſes » emprunteurs, & que le mien s'enrichit du » produit de mon argent. Il m'en a fait » l'aveu à chaque paiement : il proteſte » toujours qu'il m'a les plus grandes obliga- » tions, pour la préférence que je lui ai » donnée, en lui confiant mon capital. S'il » ſouffroit de ma part quelque léſion, il » eſt trop habile pour ne pas s'en apperce- » voir bien mieux que tous les Caſuiſtes. » Je penſe donc que ſi, ſuivant votre déci- » ſion, j'allois reporter ces intérêts au Né- » gociant, & qu'il vînt vous demander s'il » pourroit en conſcience les retenir, vous » finiriez par lui conſeiller de me les ren- » dre : car enfin il retiendroit un argent qui, » ſelon lui & ſelon moi, ne peut apparte- » nir qu'à moi. «

CHAPITRE V.

Où l'on prouve l'équité naturelle du prêt à intérêt, en montrant l'absurdité & les mauvaises équivoques des arguments qu'on lui oppose, tirés du Droit Naturel, de la stérilité de l'argent, & de la propriété qu'en acquiert l'emprunteur.

On ne fera point d'injustice aux Scholastiques, en leur appliquant ce que Fontenelle disoit des Philosophes en général, que *quand ils sont entêtés une fois d'un systême, ils sont plus incurables que le peuple même, parce qu'ils s'entêtent, & du systême & des mauvaises raisons dont ils le soutiennent (a).*

Nous avons déja remarqué que c'est au mépris de l'évidence que les partisans du systême d'Aristote & de saint Thomas prétendent que la stipulation des intérêts est, dans son essence, condamnée par le droit naturel. Ce point-là étant la base du faux systême dont il s'agit, arrêtons-nous quel-

(a) Histoire des Oracles.

ques moments à en démontrer la fausseté.

L'on ne peut admettre comme généralement vrai un principe reconnu pour faux dans une multitude de cas. Or il en est un grand nombre où la stipulation des intérêts est pleine de justice, & généralement regardée come légitime : c'est donc une assertion fausse que l'intérêt du prêt, considéré en lui-même, & dans son essence, soit réprouvé par le droit naturel. Nous avons indiqué, au commencement du Chapitre II, les différents cas où les loix ont déclaré justes & bien acquis les intérêts de l'argent.

Cette stipulation des intérêts est vicieuse, criminelle dans les cas particuliers, où elle blesse les droits de la charité ou de la justice : sans doute. Mais ces sortes de cas ne sont pas dans la régle ; ils en sont au contraire le violement, & ils la confirment au lieu de la détruire. Il est donc aussi peu sensé de soutenir que les intérêts du prêt sont essentiellement prohibés par le droit naturel, sous prétexte qu'en les stipulant on viole souvent les régles de l'équité, que de condamner, sous le même prétexte, tous les contrats de vente ou d'échange, à cause qu'il s'en fait beaucoup qui sont injustes ou frauduleux.

Il faut aller plus loin, & reconnoître la

vérité de la propoſition *inverſe*, qui conſiſte à dire : Que la juſtice du prêt à intérêt, dans les différents cas dont on a parlé plus haut, eſt fondée ſur le droit naturel ; puiſque c'eſt le violer évidemment que de fruſtrer un créancier des intérêts que toutes les loix lui accordent.

Cette réflexion fera ſentir qu'en diſputant ſur ce ſujet, l'on n'a fait que jouer ſur des équivoques, & répandre des nuages dans les eſprits par des idées vagues que fait naître le grand mot de *Droit Naturel*, dont on ſe fait une ſorte de *Taliſman* ; que l'habitude de regarder tout prêt à intérêt comme naturellement uſuraire, fait admettre comme très-claires les notions les plus louches ; qu'on croit avoir appuyé l'aſſertion dont il s'agit ici ſur des raiſons inſurmontables, quand on l'a entourée de vaines ſubtilités ; & que c'eſt dans cette route ténébreuſe qu'on voit marcher, à la file les uns des autres, le grand nombre de Théologiens, dont l'un entr'autres (*b*), d'ailleurs fort eſtimable, a employé environ deux cents pages, à argumenter en faveur de cette miſérable opinion.

Pour prévenir l'illuſion, en écartant le

(*b*) Théorie - Pratique des Contrats ; Ouvrage poſthume du P. Juénin, de l'Oratoire.

prestige des mots, le mieux seroit, dans cette matiere, de supprimer jusqu'au nom de *Droit Naturel*, & de s'en tenir aux notions communes du juste & de l'injuste, que l'éternelle Sagesse a gravées dans tous les esprits. Dès-lors on s'accordera à reconnoître qu'elle a réduit tous les devoirs, d'homme à homme, à ces deux préceptes: *Pratiquez la bienfaisance dans tous les cas où vos propres besoins ne vous empêcheront pas de soulager ceux des autres. Soyez équitable dans toutes vos conventions, & suivez les régles de la justice commutative, ainsi que vous desirez qu'on les observe à votre égard.*

Les Théologiens qu'on combat ici, substituent à cette régle si sûre & immuable, le mystérieux jargon de l'Ecole, & se croient fondés sur des axiômes, en opposant éternellement au prêt à intérêt, qu'il est condamné par la *voix de la Nature*, sans s'appercevoir qu'ils vont chercher la clarté dans les ténébres.

Mais leur dévouement aux principes d'Aristote ne doit-il pas les engager à suivre ce Philosophe jusqu'au bout? Ils doivent donc, comme lui, avoir lu dans le *Livre de la Nature*, qu'il n'y a que le trafic des *bestiaux & des productions de la terre*, qui soit permis, & que tous profits qui proviennent de l'argent, sont illicites & proscrits par le droit naturel : *Hæc pecuniæ quærendæ ratio maximè abhorret à natura.*

C'eſt à une pareille maxime, qui annonce ſi nettement l'eſprit philoſophique des ſiécles qui l'ont miſe en vogue, que ſe réduiſent les raiſonnements de nos Scholaſtiques modernes, contre la nature du prêt à intérêt. On peut s'en convaincre, en parcourant le premier Volume des *Conférences de Paris*, ou des *Principes Théologiques, Canoniques & Civils ſur l'Uſure.* On s'étonnera encore plus du ton grave & véhément, avec lequel un ſçavant Compilateur a raſſemblé, contre la nature du prêt à intérêt, tout ce que les Scholaſtiques lui avoient déja oppoſé de frivoles & pitoyables chicanes. Qu'on ait la patience d'écouter quelques-uns de ſes raiſonnements :

» Le prêteur ne peut prétendre aucune » part dans le profit qu'a pu produire ſon » argent à l'emprunteur, puiſqu'en vertu » & par l'eſpece même du prêt qu'il a fait » de ſon argent, bon gré malgré qu'il en » ait, il a renoncé pour un temps à ſon » domaine & à ſa propriété. Toutes les con» ditions qu'ils ont pu faire l'un & l'autre, » ſont nulles de plein droit & par leur » propre eſſence..... En un mot, celui » qui prête ſon argent à un Commerçant

» qui le fera profiter, comme à un riche » qui n'en tirera aucun profit, veut le » prêter & le prête véritablement. Donc il » veut aussi le prêter gratuitement ; il le » veut, & il le doit ; il le doit, & il le fait » en effet, puisqu'autrement il prêteroit & » ne prêteroit pas tout-à-la-fois, ce qui » implique dans les termes .... Le contrat » de prêt, qu'il entend passer, est un con- » trat gratuit. La condition qu'il y veut » apposer est essentiellement ingratuite, pour » m'exprimer de la sorte : elle est donc » contraire à la nature du prêt : elle le » détruit donc par conséquent. Il prêteroit » donc & ne prêteroit pas tout-à-la-fois, » ce qui répugne ..... On ose défier les » plus subtils & les plus industrieux Sophi- » stes de se tirer de là (*c*). «

Logique admirable ! & dont on eût fait grand cas dans le quatorzieme siécle, pour disputer contre des *Sophistes*, sur les *Entités*, les *FORMALITÉS*, & les *Quiddités*. Avec cette maniere de raisonner, on prouvera, dans le même goût, que la vente, sous faculté de rachat, est dans son essence illicite, contraire au droit naturel, & se détruisant elle-même. Car il n'y aura qu'à

(*c*) Analyse des Conciles, *in*-4°. *Tome IV*, *pages* 899 & 900.

dire : Qu'alors le Vendeur veut vendre, & ne pas vendre tout-à-la-fois, ce qui *implique & répugne :* il veut vendre par la ſuppoſition, & il veut ne pas vendre, puiſqu'il ne veut pas aliéner pour toujours. Ce contrat eſt donc deſtructif de l'eſſence de l'acte de vente, & par-là eſſentiellement illicite, comme contraire à l'ordre de la nature.

Si cet Ecrivain avoit voulu parler d'une maniere humaine & intelligible, il auroit renverſé toutes les aſſertions qu'il avance : il auroit dit que les *conditions* qu'un mutuel conſentement fait ſtipuler dans des traités commutatoires, loin d'être *illicites & nulles de plein droit*, ſont toujours légitimes quand elles n'ont rien de contraire à la juſtice ; il auroit reconnu que le mot de *nature* lui a fait illuſion groſſiérement, & qu'il a confondu les différents ſens qu'a ce mot appliqué à l'ordre phyſique & à l'ordre moral : qu'en matiere de phyſique, la *nature* n'eſt autre choſe que le cours uniforme & conſtant des loix qui réglent le mouvement & la forme des êtres corporels ; & qu'en morale, la nature n'eſt que la convenance des choſes apperçues par les lumieres de la raiſon dans l'ordre de nos devoirs : & en ce ſens, tout ce qui eſt utile, équitable, juſte, eſt néceſſairement conforme à la nature : & qu'enfin s'élever contre l'eſſence des prêts à intérêt, ſous prétexte qu'ils contrarient la nature, c'eſt vouloir réſoudre un problême par une énigme. Ainſi cet auteur n'a point attaché d'idée déterminée à ſes expreſſions, quand il a avancé que tout profit provenant du prêt eſt eſſentiellement oppoſé à l'ordre naturel, & contraire *à la raiſon.*

Le même Ecrivain n'ayant fait grace à ſes Lecteurs d'aucune des puériles ſubtilités de l'Ecole contre le prêt à intérêt, ſaudra-t-il le ſuivre encore dans les raiſonnements qu'il fait ſur la *ſtérilité* de l'argent, & ſur la qualité de *propriétaire* qu'acquiert l'emprunteur ? Un auteur qu'on a déja cité, a daigné faire les frais de cette diſcuſſion, & on l'écoutera avec complaiſance :

» Les notions qu'on vient de donner du » prêt à intérêt, ſont ſi ſimples, elles ſont » d'une évidence ſi palpable, qu'il ſemble » que les détails dans leſquels on entre pour » le prouver, ne puiſſent que l'affoiblir en » fatigant l'attention ; & l'on a peine à con» cevoir comment l'ignorance & quelques » fauſſes ſubtilités ont pu les obſcurcir. Ce » ſont les Théologiens Scholaſtiques qui » ont introduit les préjugés qui régnent en» core chez beaucoup de perſonnes ſur » cette matiere. Ils ſont partis d'un raiſon» nement qu'on dit être dans Ariſtote ; &

ſous

» ſous prétexte que l'argent ne produit » point d'argent, ils en ont conclu qu'il » n'eſt pas permis d'en retirer par la voie » du prêt. Ils oublioient qu'un bijou, un » meuble, tout autre effet, à l'exception » des fonds de terre & des beſtiaux, ſont » auſſi ſtériles que l'argent, & que cependant perſonne n'a jamais imaginé qu'il » fût défendu d'en tirer un loyer. Ils oublioient que la prétendue ſtérilité de » l'argent, ſi l'on pouvoit en conclure quelque choſe, rendroit l'intérêt d'un capital aliéné à perpétuité auſſi criminel que » l'intérêt d'un capital aliéné à temps. Ils » oublioient que cet argent, prétendu ſtérile, eſt chez tous les peuples du monde, l'équivalent, non pas ſeulement de » toutes les marchandiſes, de tous les » effets mobiliers, ſtériles comme lui, mais » encore des fonds de terre qui produiſent un revenu très-réel. Ils oublioient » que cet argent eſt l'inſtrument néceſſaire » de toutes les entrepriſes d'Agriculture, » de Fabrique, de Commerce : qu'avec lui » l'Agriculteur, le Fabricant, le Négociant ſe procurent des profits immenſes, » & ne peuvent ſe les procurer ſans lui; » que par conſéquent ſa prétendue ſtérilité dans le Commerce n'eſt qu'une erreur palpable, fondée ſur une miſérable

» équivoque. Ils oublioient enfin ou ils » ignoroient que la légitimité du prix qu'on » retire, soit de la vente, soit du loyer » d'une chose quelconque n'est fondée que » sur la propriété qu'a de cette chose celui » qui la vend ou qui la loue, & non sur » aucun autre principe (*d*).

On trouvera la même netteté & la même justesse de raisonnement dans la réfutation des inductions tirées, contre le prêt à intérêt, de la prétendue qualité de propriétaire qu'acquiert un emprunteur : difficultés pitoyables qui ont néanmoins séduit M. Pothier, dans son *Traité des Contrats de Bienfaisance.* Il seroit superflu d'en citer ici le texte, parce qu'il est suffisamment indiqué, ou même fondu dans la réfutation qu'on va en rapporter, & qui fera évanouir en même temps les arguments que l'Auteur de l'*Analyse des Conciles* a proposés, avec moins de netteté, & avec plus de confiance que M. Pothier.

» Cette premiere proposition : que dans » tout contrat aucune des parties ne peut, » sans injustice, exiger plus qu'elle n'a » donné, a un fondement vrai. Mais la » maniere dont elle est énoncée, ren-

(*d*) Avis manuscrit de M. Turgot, §. 25.

» ferme un ſens faux, qui peut induire en » erreur. Dans tout échange de valeur à » valeur; (& toute convention ou engage- » ment à titre onéreux peut être regardé » comme un échange de cette eſpéce), il » y a un ſens du mot *valeur*, dans lequel » la valeur eſt toujours égale de part & » d'autre; mais ce n'eſt point par un prin- » cipe de juſtice : c'eſt parce que la choſe » ne peut être autrement. L'échange étant » libre de part & d'autre, ne peut avoir » pour motif que la préférence que donne » chacun des contractants à la choſe qu'il » reçoit ſur celle qu'il donne. Cette pré- » férence ſuppoſe que chacun attribue à » la choſe qu'il acquiert une plus grande » valeur qu'à la choſe qu'il céde, relative- » ment à ſon utilité perſonnelle, à la ſa- » tisfaction de ſes beſoins ou de ſes deſirs. » Mais cette différence de valeur eſt égale » de part & d'autre. C'eſt cette égalité » qui fait que la préférence eſt exactement » réciproque, & que les parties ſont d'ac- » cord. Il ſuit de-là qu'aux yeux d'un tiers, » les deux valeurs échangées ſont exacte- » ment égales l'une à l'autre, & que par » conſéquent, dans tout Commerce d'hom- » me à homme, on donne toujours valeur » égale pour valeur égale. Mais cette va- » leur dépend uniquement de l'opinion

» des deux contractants sur le degré d'uti-
» lité des choses échangées pour la satis-
» faction de leurs desirs ou de leurs besoins.
» Elle n'a en elle-même aucune réalité,
» sur laquelle on puisse se fonder pour
» prétendre que l'un des contractants a
» fait tort à l'autre.

» S'il n'y avoit que deux échangeurs,
» les conditions de leur marché seroient
» entierement arbitraires; & à moins que
» l'un d'eux n'eût employé la violence ou
» la fraude, les conditions de l'échange
» ne pourroient en aucune maniere inté-
» resser la morale. Quand il y a plusieurs
» échangeurs, comme chacun d'eux est
» intéressé à ne pas acheter plus cher de
» l'un ce qu'un autre consent à lui donner
» à meilleur marché, il s'établit, par la
» comparaison de la totalité des offres à
» la totalité des demandes, une valeur
» courante qui ne differe de celle qui s'é-
» toit établie dans l'échange entre deux
» hommes seuls, que parce qu'elle est le
» milieu entre les différentes valeurs qui
» auroient résulté du débat entre les con-
» tractants de chaque échange considéré à
» part. Mais cette valeur moyenne ou
» courante n'acquiert aucune réalité indé-
» pendante de l'opinion & de la compa-
» raison des besoins réciproques : elle ne

» ceſſe pas d'être continuellement variable ; » & il ne peut en réſulter aucune obligation » de donner telle ou telle marchan» diſe pour tel ou pour tel prix. Le pro» priétaire eſt toujours le maître de la gar» der, & par conſéquent de fixer le prix » auquel il conſent de s'en deſſaiſir.

» Il eſt bien vrai que, dans un Com» merce animé & exercé par une foule » de mains, chaque vendeur & chaque » acheteur en particulier, entrent pour ſi » peu dans la formation de cette opinion » générale & dans l'évaluation courante » qui en réſulte, que cette évaluation » peut être regardée comme un fait in» dépendant : & dans ce ſens, l'uſage au» toriſe à appeller cette valeur courante, » la vraie valeur de la choſe. Mais cette » expreſſion, plus commode que préciſe, » ne pouvant altérer en rien le droit abſolu » que la propriété donne au vendeur ſur » la marchandiſe, & à l'acheteur ſur » l'argent, l'on ne peut en conclure que » cette valeur puiſſe ſervir de fondement » à aucune régle de morale ; & il reſte » exactement vrai que les conditions de » tout échange ne peuvent être injuſtes, » qu'autant que la violence ou la fraude » y ont influé.

» Qu'un jeune étranger arrive dans une

» Ville, & que, pour se procurer les » choses dont il a besoin, il s'adresse à » un Marchand fripon ; si celui-ci abuse » de l'ignorance de ce jeune homme, en » lui vendant au double de la valeur cou- » rante ; ce Marchand commet certaine- » ment une injustice envers ce jeune hom- » me. Mais en quoi consiste cette injustice ? » Est-ce en ce qu'il lui a fait payer la chose » au double de sa valeur réelle & intrin- » séque ? Non : car cette chose n'a point » de valeur réelle & intrinséque, à moins » qu'on n'entende par-là le prix qu'elle a » coûté au vendeur ; ce qui ne seroit » point exact : car ce prix de la façon, » ou du premier achat n'est point la va- » leur de la chose dans le Commerce, ou » sa valeur vénale. Celle-ci est unique- » ment fixée par le rapport de l'offre à » la demande. La même chose qui vaut » aujourd'hui, dans le Commerce, un » louis, ne vaudra peut-être, dans quinze » jours, que douze francs, parce qu'il en » sera arrivé une grande quantité, ou seu- » lement parce que l'empressement de la » nouveauté sera passé. Si donc ce jeune » homme a été lésé, c'est par une autre » raison. C'est parce qu'on lui a fait payer, » dans une boutique, six livres, ce qu'il » auroit eu pour trois livres dans une bou-

» tique voisine, & dans toutes les autres » de la Ville ; c'est parce que cette valeur » courante de trois livres est une chose » notoire ; c'est parce que, par une espéce » de convention tacite, & générale, lorf- » qu'on demande à un Marchand le prix » d'une marchandise, on lui demande le » prix courant..... Ce cas rentre donc » dans celui de la fraude, & c'est à ce titre » qu'il est condamnable. On dit & l'on » doit dire que ce Marchand a trompé, » mais non qu'il a volé ; ou si l'on se sert » quelquefois de cette expression, ce n'est » que dans un sens impropre & métapho- » rique. «

» Il faut conclure de cette explication » que, dans tout échange, dans toute con- » vention, qui a pour base deux condi- » tions réciproques, l'injustice ne peut être » fondée que sur la violence, la fraude, » la mauvaise foi, l'abus de la confiance, » & jamais sur une prétendue inégalité mé- » taphysique, entre la chose vendue & » son prix.

» La seconde proposition du raisonne- » ment que je combats est encore fondée » sur une équivoque grossiere, & sur une » proposition qui est précisément ce qui » est en question. *Ce que le préteur exige,* » dit-on, *au-delà du sort principal, est une*

» *chose qu'il reçoit au-delà de ce qu'il a donné, puisqu'en recevant seulement le sort principal, il reçoit l'équivalent exact de ce qu'il a donné.* Il est certain qu'en rendant le sort principal, l'emprunteur rendra précisément le même poids de métal que le prêteur lui avoit donné. Mais où nos Raisonneurs ont-ils vu qu'il ne fallût considérer dans le prêt que le poids du métal prêté & rendu, & non la valeur & l'utilité dont il est pour celui qui prête & pour celui qui emprunte? Où ont-ils vu que, pour fixer cette valeur, il fallût n'avoir égard qu'au poids du métal livré dans les deux époques différentes, sans comparer la différence d'utilité qui se trouve, à l'époque du prêt, entre une somme possédée actuellement, & une somme égale qu'on recevra à une époque éloignée? Cette différence n'est-elle pas notoire, & le proverbe trivial : *Un tiens vaut mieux que deux tu l'auras*, n'est-il pas l'expression naïve de cette notoriété? Or si une somme actuellement possédée, vaut mieux, est plus utile, est préférable à l'assurance de recevoir une pareille somme dans une ou plusieurs années, il n'est pas vrai que le prêteur reçoive autant qu'il donne, lorsqu'il ne stipule point l'intérêt; car

» il donne de l'argent, & ne reçoit qu'une » assurance. Or s'il reçoit moins, pourquoi » cette différence ne seroit-elle pas com- » pensée par l'assurance d'une augmenta- » tion sur la somme proportionnée au re- » tard? Cette compensation est précisé- » ment l'intérêt de l'argent.

» On est tenté de rire, quand on entend » des gens raisonnables & d'ailleurs éclai- » rés, fonder sérieusement la légitimité du » loyer des choses qui ne se consomment » point par l'usage, sur ce que *cet usage* » *pouvant être distingué de la chose, du* » *moins par l'entendement, est appréciable;* » & soutenir que *le loyer des choses qui* » *se détruisent par l'usage, est illégitime, parce* » *qu'on n'y peut pas distinguer un usage de* » *la chose distingué de la chose.* C'est bien » sur de pareilles abstractions qu'il faut » appuyer les principes de la morale & » de la probité. Eh! non, non, les hom- » mes n'ont pas besoin d'être Métaphysi- » ciens, pour être honnêtes gens. Les ré- » gles morales, pour juger de la légitimité » des conventions, se fondent, comme les » conventions elles-mêmes, sur l'avantage » réciproque des parties contractantes, & » non sur les qualités intrinséques & mé- » taphysiques des objets du contrat, lors- » que ces qualités ne changent rien à l'avan-

» tage des parties. Ainſi quand j'ai loué » un diamant, j'ai conſenti à en payer le » loyer, parce que ce diamant m'a été » utile ; & ce loyer n'en eſt pas moins » légitime, quoique je rende ce diamant, » & que ce diamant ait la même valeur » que lorſque je l'avois reçu ..... Quoi ! » l'on aura pu me faire payer la mince » utilité d'un bijou, d'un meuble ; & ce » ſera un crime de me faire payer l'avan- » tage immenſe que j'aurai retiré d'une » ſomme d'argent pendant le même temps ? » & cela parce que l'entendement ſubtil » d'un Juriſconſulte peut, dans un cas, ſé- » parer de la choſe ſon uſage, & ne le » peut pas dans l'autre ? Cela eſt, en vé- » rité, trop ridicule.

» Mais, diſent nos Raiſonneurs, & il » faut les ſuivre dans leur dernier retran- » chement, l'on ne peut pas me faire payer » cet uſage de l'argent, parce qu'il étoit » à moi ; j'en étois le propriétaire, parce » qu'il eſt de la nature du prêt des choſes » *fungibles*, que la propriété en ſoit inſé- » parable, ſans quoi elles ſeroient inutiles » à l'emprunteur.

» Miſérable équivoque encore ! Il eſt » vrai que l'emprunteur devient proprié- » taire de l'argent, conſidéré phyſiquement » comme une certaine quantité de métal.

» Mais eſt-il vraiment propriétaire de la » valeur de cet argent ? Non, ſans doute : » puiſque cette valeur ne lui eſt confiée » que pour un temps, & pour la rendre à » l'échéance. Mais ſans entrer dans cette » diſcuſſion, qui ſe réduit à une vraie » queſtion de nom, que peut-on conclure » de la propriété que j'ai, dit-on, de cet » argent ? Cette propriété, ne la tiens-je » pas de celui qui m'a prêté l'argent ? » n'eſt-ce pas par ſon conſentement que » je l'ai obtenue ? Et ce conſentement, les » conditions n'en ont-elles pas été réglées » entre lui & moi ? A la bonne heure ; » l'uſage que je ferai de cet argent ſera » l'uſage de ma choſe ; l'utilité qui m'en » reviendra ſera un acceſſoire de ma pro- » priété : mais quand ? Quand l'argent » ſera à moi, quand cette propriété m'au- » ra été tranſmiſe. Et quand l'aura-t-elle » été ? Quand je l'aurai achetée & payée. » Or à quel prix achetai-je cette proprié- » té ? Qu'eſt-ce que je donne en échange ? » N'eſt-il pas évident que c'eſt l'engage- » ment que je prends de rembourſer à une » certaine échéance une certaine ſomme, » quelle qu'elle ſoit ? N'eſt-il pas tout auſſi » évident que, ſi cette ſomme n'eſt qu'e- » xactement égale à celle que je reçois, » mon paiement ne ſera pas l'équivalent

» de la propriété que j'acquiers dans le mo-
» ment actuel ? N'eſt-il pas évident que,
» pour fixer cet équivalent, de façon que
» notre avantage ſoit égal de part & d'au-
» tre, nous devons avoir égard à l'utilité
» dont me ſera cette propriété que j'ac-
» quiers, & que je n'ai point encore, &
» à l'utilité dont cette propriété pourroit
» être au prêteur pendant le temps qu'il
» en ſera privé ? ..... En un mot, l'ob-
» jection ſuppoſe toujours ce qui eſt en
» queſtion ; c'eſt-à-dire, que l'argent reçu
» aujourd'hui, & l'argent qui doit être
» rendu dans un an, ſont deux choſes par-
» faitement égales. En raiſonnant ainſi, on
» oublie que ce n'eſt pas la valeur de l'ar-
» gent lorſqu'il aura été rendu qu'il faut
» comparer avec la valeur de l'argent au
» moment où il eſt prêté ; mais que c'eſt
» la valeur de la promeſſe d'une ſomme
» d'argent qu'il faut comparer avec la va-
» leur d'une ſomme d'argent effective. On
» ſuppoſe que c'eſt l'argent rendu, qui eſt,
» dans le contrat du prêt, l'équivalent de
» l'argent prêté, & on ſuppoſe en cela une
» choſe abſurde. Car c'eſt au moment du
» contrat qu'il faut conſidérer les condi-
» tions reſpectives, & c'eſt dans ce moment
» qu'il faut en établir l'égalité. Or au mo-
» ment du prêt, il n'exiſte certainement

» qu'une ſomme d'argent d'un côté, & » une promeſſe de l'autre. Si l'on ſuppoſe » qu'une ſomme de mille francs & une pro- » meſſe de mille francs ont préciſément la » même valeur, on fait une ſuppoſition plus » abſurde encore. Si ces deux choſes étoient » équivalentes, pourquoi emprunteroit-on?

» Il eſt bien ſingulier qu'on parte du » principe de l'égalité de valeur qui doit » avoir lieu dans les conventions, pour » établir un ſyſtême, ſuivant lequel l'avan- » tage eſt tout entier pour l'une des parties, » & entiérement nul pour l'autre. Rien n'eſt » aſſurément plus palpable. Car quand on » me rend, au bout de quelques années, » un argent que j'ai prêté ſans intérêt, il » eſt bien clair que je n'ai rien gagné, & » qu'après avoir été privé de ſon uſage & » avoir riſqué de le perdre, je n'ai préci- » ſément que ce que j'aurois ſi je l'avois » gardé pendant ce temps dans mon coffre. » Il n'eſt pas moins clair que l'emprunteur » a tiré avantage de cet argent, puiſqu'il » n'a eu d'autre motif pour l'emprunter » que cet avantage. J'aurai donc donné » quelque choſe pour rien : j'aurai été gé- » néreux. Mais ſi, par ma générosité, j'ai » donné quelque choſe de réel, j'ai donc » pu le vendre ſans injuſtice.

» C'eſt faire bien de l'honneur aux So-

» phiſmes frivoles des adverſaires du prêt
» à intérêt, que de les réfuter auſſi au long
» que je l'ai fait. De pareils raiſonnemens
» n'ont certainement jamais perſuadé per-
» ſonne. Mais quand on eſt perſuadé par
» le préjugé de l'éducation, par des auto-
» rités que l'on reſpecte, par la connexité
» ſuppoſée d'un ſyſtême avec des princi-
» pes conſacrés, alors on fait uſage de
» toutes les ſubtilités imaginables pour dé-
» fendre des opinions auxquelles on eſt
» attaché : on n'oublie rien pour ſe faire
» illuſion à ſoi-même, & les meilleurs
» eſprits en viennent quelquefois à bout. «

CHAPITRE VI.

La nature du prêt à intérêt comparée avec les notions de la justice, & examinée au tribunal de la raison. Préjugés décisifs en sa faveur, dans le jugement qu'en ont porté des génies supérieurs, & les moins suspects d'illusion.

LES partisans du systême que nous réfutons ne pourront désavouer la justesse des raisonnements dont on vient d'étayer l'équité naturelle du prêt à intérêt, ni se refuser à l'évidence qui en résulte. Ils ne nieront pas aussi que cette évidence est la regle des jugements que nous devons porter au sujet des Traités commutatoires ; parce qu'ils n'auront pas oublié que les préceptes de la morale sont fondés en raison, & qu'il n'en est pas dont la lumiere naturelle ne fasse sentir l'équité.

D'autre part, ils prétendent que le vice essentiel & intrinséque du prêt à intérêt consiste formellement dans une lésion que souffre l'emprunteur de la part de son créancier, qui ne peut, sans injustice, rien exiger au-delà de son capital, dont le premier ayant été vraiment propriétaire jusques à l'échéance, il doit l'être aussi des profits qu'il en a retirés. Suivant cette maniere de raisonner, le point de la question se réduira donc à sçavoir si dans un prêt de Commerce il y a un rapport d'égalité entre la condition du Capitaliste & celle du Négociant, ou si la stipulation de l'intérêt produit une inégalité, contraire au droit de ce dernier. Il est possible de mal combiner ces divers rapports, de voir ce qui n'est pas; & l'illusion est incontestablement le partage des adversaires ou bien des défenseurs du prêt à intérêt. Faut-il, pour vuider ce différend, être versé dans la connoissance des *Universaux* & des *Cathégories* d'Aristote? Jamais question ne fut moins compliquée : il ne s'agit que de rapprocher deux rapports très-simples, de voir dans l'accord fait entre le bailleur & le preneur, ce qui peut blesser les droits de celui-ci, & d'assigner, dans l'intérêt stipulé, l'objet & la raison de l'inégalité prétendue.

La question réduite à ces termes, est du ressort de *l'art de raisonner.* Pour avoir, à ce sujet, un jugement sûr & impartial, prenons des juges connus par la supériorité de leur discernement, & que la qualité d'Ecrivains Polémiques, sur cette matiere, ne puisse pas rendre suspects, comme le seroient ceux qui en ont traité *ex professo*. A ce titre, nous n'admettons point à ce nouveau tribunal les Broëdersen, les Mignot, les Magnan, les Prostde Royer, ni les Concina, les Pouget, les Semellier. Nous sçavons d'ailleurs ce que nous pourroient dire ces derniers, dont nous avons réfuté les principes. Ainsi aurons-nous des juges qui ne prononceront ni par esprit de parti, ni par entêtement.

C'est d'abord un grand préjugé en faveur de l'équité naturelle du prêt à intérêt, qu'il ait été admis dans les Loix Romaines rédigées par des Jurisconsultes célébres, de leur temps, par leur pénétration & l'étendue de leurs lumieres ; que ces loix aient été en vigueur sous de grands Empereurs, avant & depuis l'époque du Christianisme ; & qu'elles aient été respectées & exécutées dans presque tous les Etats de l'Europe, jusqu'à ce que des temps d'ignorance ayant fait passer dans le Droit Canonique des principes nouveaux, les dispositions du Droit Romain ont été abrogées dans certaines contrées, & maintenues dans d'autres. Encore faut-il bien remarquer que le nouveau corps de Droit Canonique n'a pas entiérement méconnu la justice naturelle du prêt à intérêt, puisque dans la prohibition qu'il en a faite, on trouve une exception expresse en faveur des deniers des mineurs, des deniers dotaux, & des droits légitimaires; exception qui auroit été inique si l'intérêt de l'argent étoit essentiellement condamné par le Droit Naturel. Voyons maintenant si la prétendue inégalité, résultante du prêt à intérêt, est une réalité ou une chimere, au jugement des esprits les plus célébres par leur sagacité & leur justesse.

Si cette inégalité étoit réelle, il seroit bien étonnant qu'elle eût échappé aux yeux du célébre Nicole. Il n'a point traité à fond la question de l'usure : il n'en a parlé qu'en passant & à l'occasion d'un cas particulier. Mais il a très-bien senti la fausseté du systême qui oppose l'intérêt de l'argent au droit naturel. Voici ses raisonnements :

» Il est très-constant que l'usure est un » péché, comme il est défini par le Con- » cile de Vienne. Mais je crois que ce qui » rend cela si certain n'est pas tant la raison » naturelle que la Loi de Dieu, expli- » quée par la Tradition de l'Eglise. Car » qui s'arrêteroit à la raison, il seroit » bien difficile de persuader qu'il y eût » du mal à tirer cinq pour cent d'un ar- » gent que je prête à un Marchand, lors-

» que ce Marchand estime beaucoup davantage le gain qu'il s'attend de faire de mon argent : de sorte qu'il trouveroit que ce lui seroit une condition bien moins avantageuse, que j'eusse part à son gain en courant le même risque que lui. Outre qu'il y a souvent des cas où l'argent ne court aucun risque, comme si mon ami devant mille écus, dont il paie le denier dix d'intérêt, je les lui prête pour le délivrer de cette dette & de cet intérêt, en me contentant de cinq pour cent. Cet argent, qui ne fait que passer entre les mains d'un tiers, ne court aucun risque dans les siennes. Ainsi, à ne consulter que la raison, il seroit bien difficile de montrer quelle injustice je fais à mon ami, à qui je fais gagner cinq pour cent par an sans aucun risque. Mais tous ces raisonnements cessent quand on s'en tient uniquement à la Loi de Dieu, qui a pu condamner l'usure à cause des mauvais effets qu'elle a d'ordinaire, encore même qu'en quelques cas elle ne fût pas injuste. Or de-là il suit qu'on ne doit pas porter la défense de l'usure au-delà de ce qu'elle se trouve dans l'Ecriture-Sainte & dans les Peres qui l'ont expliquée, & qu'il seroit sur-tout périlleux de le faire, lors-

» que le contrat que l'on condamne ne se » trouveroit point condamné comme tel » par aucune Loi Eccléſiaſtique ni Civile. « *Eſſais de Morale, Tome V, Traité VIII, pages* 99 & 100.

Ne perdons rien de ce que vient de dire ce ſage & profond Moraliſte. 1°. Il condamne en général l'uſure : mais, pour la trouver condamnable, il a recours aux Loix poſitives, & aux *mauvais effets qu'elle a d'ordinaire.* Loin d'appuyer cette condamnation ſur le *droit naturel*, il avoue au contraire qu'en écoutant la raiſon, on ne voit rien d'injuſte dans l'intérêt de l'argent ; & il en apporte un exemple qui ne ſouffre pas de réplique. Encore moins a-t-il recours aux ſubtilités de nos Scholaſtiques, qu'il n'ignoroit pas. L'Auteur de la *Logique de Port-Royal* n'étoit pas fait pour s'arrêter à la *deſtination naturelle* de l'argent, à ſa *ſtérilité*, à la *propriété* qu'en acquiert le débiteur, & autres pareilles inepties.

2°. Il ne faut donc pas, ſelon Nicole, attaquer l'uſure par la voie du raiſonnement, parce qu'on y chercheroit en vain une malice intrinſéque, une injuſtice inhérente ; & que la raiſon nous montre au contraire qu'il n'y a rien que de juſte à prêter à intérêt, dans les cas où, loin d'appauvrir l'emprunteur, on lui procure un gain réel.

3°. Il ajoute que c'eſt par la Loi de Dieu que l'uſure eſt défendue ; & nous avons déja obſervé que cette Loi ſe borne à condamner tout violement de la charité & de la juſtice, & qu'elle ne nous a point tracé les régles particulieres des divers contrats permutatoires. C'eſt un avis bien ſage, de ne point porter la *défenſe de l'uſure au-delà de ce qu'elle eſt dans la Loi divine.*

4°. On voit que ce célébre Théologien réfute ici tacitement les idées de ſaint Thomas ſur l'intérêt de l'argent. Il ne le nomme point ; mais il le cite dans ce même diſcours ; & il ne pouvoit avoir perdu de vue ſon ſyſtême qu'il avoit ſous les yeux. Il ſuit de cette diſcuſſion, que l'inégalité prétendue que renferme le prêt à intérêt, eſt un être chimérique, ſuivant M. Nicole.

Le ſçavant Théologien Holden ſera un autre juge non ſuſpect. Il n'a parlé auſſi de l'uſure que par occaſion, & dans une Lettre. On l'y voit d'abord défendre avec autant de zèle que de bonne foi les idées ſcholaſtiques. Mais il s'en départ enſuite, ſans s'en appercevoir, par un aveu qui renverſe le fondement du vieux ſyſtême. Ses paroles ſont remarquables.

» Nous voyons que les Princes & les » Républiques aſſignent un taux fixe & un » prix déterminé à l'uſage de l'argent, ou » à ſon uſufruit. Il me paroît très-certain » que la même autorité, qui établit la na- » ture & l'eſſence des choſes, a le droit de » les détruire. Or nous avons montré plus » haut que c'eſt l'autorité ſouveraine qui » donne aux eſpéces leur valeur & leur » nature. Il nous paroît que ſi les gens » verſés dans le commerce de l'argent & » qui poſſédent la théorie du négoce, re- » connoiſſent que l'argent négocié ne doit » plus être mis au rang des choſes qui ſe » conſument par l'uſage, on ne pourra » plus dire que toute ſtipulation d'intérêts » ſoit néceſſairement uſuraire. «

Ce Docteur, bien plus judicieux que cette foule d'Ecrivains qui, ne connoiſſant que leur cabinet & leurs livres, ont voulu donner des loix ſur des matieres de Politique, laiſſe aux Banquiers, aux Négociants, aux Gens d'affaires à décider ſi l'argent placé dans le Commerce, ne doit pas être tiré de la claſſe des choſes qui ſe conſument par l'uſage, & ſi la ceſſion qu'on en fait, ne doit pas être miſe à prix : & ce n'eſt que dans le cas d'une déciſion contraire, ſur quoi il s'abſtient modeſtement de prononcer, que l'on doit regarder comme usuraire le prêt à intérêt.

Or le fait que ce Théologien met en hypothèse, est regardé aujourd'hui comme une vérité incontestable, ainsi qu'on l'a vu déja, & qu'on le montrera encore. Reste que M. Holden, laissant à l'écart le jargon de l'Ecole, & livré à son discernement ordinaire, n'a point senti cette inégalité inhérente à la nature de l'intérêt de l'argent, & qu'il a regardé cet intérêt comme pouvant être admis dans le Commerce.

Benoît XIV, dont toute l'Europe admira la sagesse & les lumieres, mais dont la prudence, quelquefois timide, étoit guidée par des vues de ménagement, connut la controverse sur l'usure, & les rapports qu'elle a avec le bien spirituel & temporel de la République Chrétienne (*a*). En s'expliquant sur cette matiere, il a parlé le langage des Scholastiques. Mais ce n'est pas sans dessein qu'après avoir rappellé, comme des titres légitimes pour percevoir l'intérêt de l'argent, le *lucre cessant*, & le *dom-*

(*a*) Dans son Traité *de Synodo Diœcesana*, ce Pape, parlant du prêt à rente, ou triple contrat, déclare que le Saint-Siége ne l'a jusqu'à présent noté d'aucune censure, mais qu'on doit en empêcher la pratique, étant convenu qu'il est facile d'en abuser.

mage naissant, autorisés par les Théologiens, il va plus loin qu'eux, & reconnoît qu'il peut y avoir encore d'autres motifs pour légitimer la perception des intérêts : *Lucri cessantis, damni emergentis, aliove titulo extrinseco.* Ces derniers mots, dont il ne fait point d'application particuliere, montrent qu'il connoissoit le sage milieu qu'on doit tenir entre les deux extrémités, & la nécessité de concilier les intérêts du bien public avec les régles de la morale.

Qu'on eût exposé à ce grand Pape le cas d'un pere de famille, dont les facultés sont fort au-dessous de son état, & qui n'ayant d'autre ressource qu'un capital qu'il a en main, le confie, sur le pied de cinq pour cent, à un Commerçant qui en retirera vingt pour cent : il n'est point douteux qu'il auroit jugé, ainsi que Nicole, qu'un pareil traité n'a rien de contraire à l'équité ; en quoi il n'auroit fait qu'imiter la prudence d'Innocent III, l'un de ses prédécesseurs, qui, dans une circonstance à-peu-près semblable, décida le premier que la dot d'une femme, dont le mari n'avoit pas sur quoi la placer, pouvoit être déposée entre les mains d'un Marchand, qui en paieroit un intérêt annuel, pour tenir lieu à cette femme du revenu de sa constitution dotale.

Ne

Ne nous arrêtons pas ici au ſuffrage de Grotius, & autres ſçavants Commentateurs des Livres ſaints, ni de Dumoulin à la tête d'un grand nombre de Juriſconſultes, ni enfin d'autres Théologiens de nom, dont il ſera fait mention plus bas. Il ſeroit, ſans doute, bien étonnant que des eſprits d'une auſſi bonne trempe, n'euſſent apperçu rien de contraire à l'équité naturelle dans le prêt à intérêt, & qu'il renfermât néanmoins une *inégalité* choquante & viſible, comme l'ont imaginé les Scholaſtiques. Choiſiſſons encore d'autres juges, & prenons-les dans la claſſe des hommes les plus célébres dans la connoiſſance du Droit public.

Voici les réflexions ſur l'uſure du fameux Bacon, Chancelier d'Angleterre :

» Si l'on ne prétoit point d'argent, ou » ſi on le prétoit ſans condition, on pour» roit le retirer à ſon gré, & les nouveaux » négociants ne pourroient s'avancer, parce » qu'ils n'oſeroient rien tenter. Un homme, » faute de ce ſecours, tomberoit dans les » dernieres extrémités tout-à-coup, & ſe » verroit obligé de vendre ſes fonds au » moindre beſoin, & de faire une mau» vaiſe affaire pour appuyer une bonne » entrepriſe. Ainſi donc, au lieu que l'uſure

» ne mine les fortunes que peu-à-peu, ces » aliénations les perdroient de fond en comble dans un moment. L'usure ne mine » point les fortunes, sur-tout dans le Com- » merce, lorsqu'elle est proportionnée aux » bénéfices que peut faire le Négociant; » elle l'enrichit au contraire en lui facili- » tant des emprunts qui augmentent son » commerce, & par conséquent ses béné- » fices; car les prêts sur gage ne remé- » dient à rien, puisqu'ils ne sont pas » exempts d'intérêt, & que les poursuites » en Justice, au défaut de paiement, en- » traînent des frais plus criants que ceux » de l'usure même..... Qu'on substitue » un autre véhicule aux affaires, si l'on » retranche l'usure. Toutes les Républi- » ques l'ont tolérée..... Le premier tem- » pérament seroit d'établir une usure pu- » blique commune à tous les citoyens, » autorisée par la Loi, celle de cinq pour » cent, par exemple, & d'en permettre » une plus forte aux Commerçants à rai- » son de leurs profits. Laissez-leur le soin » de la fixer entr'eux, parce que le sort » du commerce étant fort inconstant, il » n'est rien de plus incertain que le prix » des denrées, & par conséquent de l'ar- » gent..... Limez si bien les dents de

» l'usure, que le sort de l'emprunteur » vaille mieux que celui du prêteur (*b*). «

Il ne se peut rien de plus judicieux que ces réflexions sur le prêt de l'argent, ni de plus sage que le vœu que fait ici ce grand Philosophe, pour une Loi commune à tous les citoyens, & qui, en autorisant à leur égard l'intérêt à cinq pour cent, autorise un intérêt plus fort en faveur du Commerce. Que le sort des emprunteurs vaille mieux que celui des prêteurs, & tout sera dans l'ordre, suivant Bacon; & il seroit bien difficile, après cela, de douter qu'il n'ait regardé l'intérêt de l'argent comme conforme à l'équité naturelle.

M. de Montesquieu a exprimé avec autant de clarté que d'énergie, son sentiment sur le prêt à intérêt. Il se moque des Scholastiques qui s'infatuerent de la Philosophie d'Aristote, prirent de lui leur doctrine sur le prêt, confondirent l'intérêt avec l'usure, & le condamnerent (*c*).

On connoît le petit discours de M. Formey sur l'usure. La netteté des idées y répond à la justesse & à la force des raison-

---

(*b*) Analyse de la Philosophie de Bacon, *chap.* 8, *pag.* 49, *& suiv.*

(*c*) Esprit des Loix.

nements, & il y démontre que la stipulation des intérêts, loin d'être contraire à la raison & au droit naturel, n'a rien que de conforme à la justice, à l'intérêt particulier & général.

» Prêter son argent sans intérêt, dit-il, » ce n'est pas proprement prêter, c'est » donner. La chose est facile à comprendre. L'usage de mon argent est susceptible d'estimation, & peut être évalué en » argent. Cent écus prêtés en valent cinq » par an. Je les prête à quelqu'un pour un » an : qu'est-ce à dire autre chose, sinon » que je lui fais présent de cinq écus, » que j'avois naturellement droit d'exiger? » Il résulte de-là que bien-loin qu'il soit » illicite de recevoir des intérêts de mon » capital, il le seroit presque toujours de » n'en point prendre. J'ai une famille à » entretenir, & je ne puis le faire que par » l'intérêt de mon capital. Je le confie à » un Marchand qui en tire vingt ou trente » pour cent par an. Mes intérêts montent à » deux ou trois cents écus. Je les lui laisse. » C'est-à-dire que je donne annuellement » à un Marchand, qui nage dans l'abondance, une somme sur laquelle est fondée la subsistance de moi & des miens. » Cela est-il plausible? cela est-il même » licite? Voilà néanmoins où nous me-

» nent ceux qui profcrivent tout inté-
» rêt (*d*). «

M. l'Abbé de Condillac, fi connu par fes productions philofophiques & littéraires, & d'ailleurs fi verfé dans la fcience du droit public, s'eft expliqué fur le prêt à intérêt, avec autant de franchife que de précifion.

» Il eft de fait que le prêt à intérêt
» foutient le Commerce. Il eft démontré
» qu'il multiplie les marchandifes ; qu'en
» les multipliant, il augmente la concur-
» rence ; qu'en augmentant la concurrence,
» il rend le Commerce plus avantageux à
» l'Etat. Le prêt à intérêt eft donc une
» chofe jufte, & doit être permis.....
» On ne voit pas que prêter à intérêt,
» c'eft vendre ; qu'emprunter à intérêt,
» c'eft acheter ; que l'argent qu'on prête,
» eft la marchandife qui fe vend ; que
» l'argent qu'on doit rendre eft le prix
» qui fe paie, & que l'intérêt eft le bé-
» néfice qui eft dû au vendeur..... Si
» actuellement on demande ce que c'eft
» que l'ufure, je dis qu'il n'y en a point
» dans les prêts dont je viens de parler,
» & qui fe réglent fur le prix que les Né-

(*d*) Mêlanges Philofophiques, *Tome I*, *p.* 252.

» gocians ont mis eux-mêmes à l'argent, » & ont mis librement (*e*).

» Nos Légiſlâteurs, avoit-il dit auparavant, » raiſonnent encore plus mal que » les Caſuiſtes. Ils condamnent le prêt à » intérêt, & ils le tolérent. Ils le condamnent ſans ſçavoir pourquoi, & ils le » tolérent, parce qu'ils y ſont forcés. » Leurs Loix, effet de l'ignorance & des » préjugés, ſont inutiles ſi on ne les obſerve; & ſi on les obſerve, elles nuiſent » au Commerce. L'erreur où tombent les » Caſuiſtes & les Légiſlateurs, vient uniquement des idées confuſes qu'ils ſe ſont » faites (*f*). «

A l'autorité de tant de ſuffrages n'en ajoutons plus qu'un, qui, ſur cette matiere, auroit pu tenir la place de tous les autres : nous parlons de l'illuſtre Auteur *de la Formation & de la Diſtribution des Richeſſes*, dont nous ne rapporterons dans ce moment que ces paroles remarquables :

» C'eſt faute d'avoir enviſagé le prêt à » intérêt ſous ſon véritable point de vue, » que des Moraliſtes, plus rigides qu'éclairés, ont voulu le faire regarder comme

---

(*e*) Le Commerce & le Gouvernement, conſidérés relativement l'un à l'autre, *pag.* 182, *& ſuiv.*

(*f*) Ibidem, *chap.* 18, *pag.* 177.

» un crime. Les Théologiens Scholaſtiques » ont conclu de ce que l'argent ne produit rien » par lui-même, qu'il étoit injuſte d'exiger » l'intérêt de l'argent prêté (*g*)..... Il ne » faut pas s'y méprendre ; le prêt à intérêt » n'eſt exactement qu'un Commerce, dans » lequel le prêteur eſt un homme qui vend » l'uſage de ſon argent, & l'emprunteur » un homme qui l'achete, préciſément » comme le propriétaire d'une terre & ſon » fermier vendent & achetent reſpective- » ment l'uſage d'un fonds affermé (*h*). «

Tous les grands perſonnages, dont on vient de rapporter les ſentiments au ſujet de la nature du prêt à intérêt, n'y ont rien vu que d'innocent, d'utile & de juſte. Laiſſons maintenant aux eſprits raiſonnables à décider s'il eſt poſſible de juger que l'intérêt de l'argent porte dans ſon eſſence un vice inhérent, une qualité maligne, un fond d'injuſtice, en un mot, une *inégalité* qui le rend criminel, ainſi que le prétendent les Scholaſtiques ; & que les Sçavants, qu'on vient de nommer, n'aient pas eu aſſez de ſagacité pour y appercevoir cette *inégalité*, ſi palpable pour les diſciples d'Ariſtote ; s'il eſt poſſible de donner la

(*g*) §. 73, *page* 110. (*h*) §. 70, *page* 108.

préférence à ces derniers, en faveur d'un jargon qu'ils croient entendre, sur les premiers, qui n'avancent que ce qu'ils prouvent, & ce qu'un chacun peut très-bien entendre ; s'il est possible enfin de regarder ces éleves de l'Ecole comme des oracles dans l'art du raisonnement, & les Auteurs qu'on a cités, comme des sophistes ou des idiots ? Si les partisans du vieux systême avouent ici que la raison n'est pas pour eux, nous en serons édifiés. S'ils soutiennent encore le contraire, nous n'en serons point surpris.

CHAPITRE VII.

L'erreur des Scholastiques sur la nature du Prêt à intérêt, vient de ce qu'ils ont confondu les caracteres du Prêt de bienfaisance & du Prêt lucratif. Nécessité d'en faire la distinction. Le Prêt de Commerce renferme l'équivalent d'une Société. Equité du triple Contrat démontrée. Remarques sur les fausses idées que renferment les principes de saint Thomas touchant les traités usuraires.

LA source de l'illusion que se sont fait les Scholastiques au sujet de la nature du prêt de Commerce, n'est pas difficile à trouver. Ils ont confondu tous les genres de prêt dans une dénomination & une idée générale, & assigné les mêmes caracteres au prêt de pure libéralité & au prêt lucratif. Ce dernier, en possession de la haine publique durant des siécles, & dans des contrées où le goût du Commerce étoit peu connu, & où l'on ne prêtoit que par esprit de charité, de bienfaisance ou de reconnoissance, est demeuré également odieux dans l'esprit des peuples qui, n'attachant aux expreſſions que des idées vagues, ont toujours confondu un prêt quelconque avec l'uſure réellement criminelle. Les Scholaſtiques, ſéduits par ce préjugé populaire, n'ont enviſagé l'intérêt de l'argent que ſous une face odieuſe, & n'ont point admis de différence dans la nature des prêts de différentes eſpeces. De-là la mauvaiſe équivoque des Caſuiſtes qui prétendent que tout prêt eſt eſſentiellement gratuit ; qu'il faut ou ne point prêter, ou le faire gratuitement ; & que le plus petit intérêt détruit la nature de ce contrat : raiſonnement qui ſe réduit à dire, que le prêt doit être gratuit, parce qu'il doit être gratuit.

Mais comment les Scholaſtiques, preſque toujours ſi féconds en diſtinctions vaines & chimériques, n'en admettent-ils aucune entre des choſes auſſi différentes qu'un don de pure bienfaiſance, & un traité fait pour un avantage réciproque ? Quand je prête quelque argent à un homme obéré, ou à un ami, je lui fais don de la jouiſſance & de l'intérêt de cet argent ; j'agis comme donateur. Lorſque je dépoſe cent mille francs entre les mains d'un Negociant, à cinq pour cent, j'agis en propriétaire qui jouit du produit de ſon bien. Ce procédé n'eſt point d'eſpece différente, que celui par lequel je donne à ferme une terre de cent mille francs, ſur le pied de quatre mille livres. Peut-on, ſans être déraiſonnable, attacher la même idée à une aumône & à un traité de commerce ?

On oſera me dire encore : L'ordre des choſes fait que vous ne pouvez point prêter, ſans prêter gratuitement. Pourquoi non, dès qu'un prêt gratuit & un prêt de commerce n'ont rien de commun que le nom ? Autant vaudroit me dire : Vous ne pouvez faire un contrat de ferme, ſans faire un acte de donation : il y a égale abſurdité de part & d'autre. L'ordre des choſes empêche-t-il qu'on ne puiſſe mettre, dans les traités, toutes les conditions que l'on veut, dès qu'elles ne bleſſent ni la juſtice, ni les bonnes mœurs ?

Ce qu'il y a ici de remarquable, c'eſt que les arguments des Scholaſtiques tendent à bannir du Commerce tout uſage de l'argent, & à ériger en dogme la rêverie d'Ariſtote, ſuivant lequel, comme on l'a vu, l'argent ne doit ſervir qu'à faire des achats, & le Commerce eſt borné aux productions de la terre & aux beſtiaux.

N'omettons pas d'obſerver que nos Caſuiſtes, qui ſemblent prendre à tâche de ruiner ou de rebuter tous les Prêteurs, après s'être obſtinés à voir, dans l'intérêt ſtipulé, une inégalité qui n'y eſt point, ne favoriſent la cauſe des emprunteurs, qu'en autoriſant une autre inégalité très-réelle, au profit de ces derniers, & au détriment des premiers. Car s'il eſt vrai que je ſuis tenu de reſtituer tous les intérêts de cent mille écus, que j'ai fournis pendant trois ans pour une entrepriſe, il eſt évident que tout l'avantage du traité que j'avois fait, ſera pour l'entrepreneur; que j'aurai voulu faire un traité lucratif, qui ne ſera point lucratif; que j'y aurai été pour la privation & les riſques de mon capital; que mon emprunteur aura de gros profits, & que je n'aurai fait que perdre. Or, peut-on concevoir d'inégalité plus ſenſible? & la notion de l'équité naturelle ne dira-t-elle rien ici à nos Scholaſtiques? Les Capitaliſtes timorés ne pourroient-ils pas avoir leur tour, après les emprunteurs, & venir demander raiſon aux Caſuiſtes dont nous parlons, des reſtitutions qu'ils leur ont preſcrites? Mais revenons à la nature du prêt.

On peut l'enviſager encore ſous un autre point de vue. Des Théologiens habiles, mais qui ſe ſont épargné la peine d'examiner les premiers principes ſur cette matiere, frappés avec raiſon de l'équité naturelle que préſente la notion exacte du prêt de Commerce, l'ont considéré comme une société, non ordinaire, entre le Capitaliste & le Négociant.

Ce Négociant vient m'emprunter cent mille francs ; c'est-à-dire, qu'il s'associe avec moi pour faire valoir son industrie, & moi avec lui pour faire valoir mon capital. Je ne puis rien faire sans lui, ni lui sans moi : l'argent & l'industrie ne peuvent rien produire, s'ils ne sont réunis, c'est-à-dire, sans notre association. Je ne serois pas éloigné d'accepter une société ordinaire, de rendre ma condition égale à celle du Commerçant, de partager avec lui les profits & les risques ; mais il ne veut point de ces conditions gênantes, qui donnent des entraves dans le détail des opérations. Il veut prendre sur son compte ce que j'aurois à risquer dans les événements ; il m'assure mon capital avec un profit, bien entendu que cette assurance ne lui sera point trop onéreuse, & qu'il en sera dédommagé par un équivalent. Il le trouve dans la cession que je lui fais de mes droits sur le produit de l'entreprise : & nous arbitrons que le prix juste de cette cession se trouvera dans l'intérêt annuel de mon capital, suivant le taux ordinaire.

Ce n'est-là, dira-t-on, qu'une pure imagination, un vain détour, pour couvrir une ufure réelle. Mais appliquera-t-on toujours le mot d'*ufure* à des traités, où l'on ne peut montrer d'inégalité, ni par conféquent d'injuftice ? Ce n'eft pas une imagination que j'aie fait une convention refpectivement onéreufe & lucrative avec ce Négociant ; que j'aie traité pour l'ufage de mon argent, & lui pour trouver un aliment à fon induftrie ; que j'aie un vrai intérêt dans le fuccès de fon entreprife, en ce que fi, par hazard, elle eft ruineufe pour lui, fon affurance peut ne pas empêcher qu'elle ne le foit pour moi ; que ce traité enfin foit une vraie fociété dans un fens plus étendu, quoiqu'elle ne foit point une fociété ordinaire ; comme la vente à faculté de rachat ne laiffe pas d'être vente véritable, quoiqu'elle ne foit point une vente ordinaire.

La feule difficulté qu'on oppofe ici, eft que l'affurance du profit ftipulé, & évalué à l'intérêt ordinaire, eft une affurance nulle & illicite, comme préjudiciable aux intérêts du Négociant. Mais les yeux perçants des Cafuiftes verront-ils toujours, dans les avances qu'on fait aux Négociants, des injuftices qu'ils ne peuvent y voir eux-mêmes ? Par la fuppofition, l'affurance du Négociant eft fixée à un prix jufte ; elle lui eft même avantageufe à fon avis, en un mot, il en eſt content, & il calcule bien. Le reproche d'injuſtice fait au prêteur, eſt donc le plus injuſte des reproches. C'eſt ce qu'on va rendre encore plus palpable, par les preuves vraiment démonſtratives de l'équité du fameux triple contrat, dont les caracteres ſe retrouvent dans le cas qu'on vient d'examiner.

1°. Si les Moraliſtes que nous combattons ici, s'étoient bornés à dire que la pratique de trois contrats peut devenir abuſive, que l'aſſurance peut être dupe, & que de pareils traités exigent de l'équité & de la bonne foi, ils n'auroient fait en cela que perdre leur temps. Car l'on ſçait aſſez que la bonne foi eſt l'ame du Commerce; & l'on ne peut d'ailleurs que trouver fort riſible que des gens, peu inſtruits des opérations & des combinaiſons du Commerce, prennent la peine d'avertir le corps des Négocians, ſi éclairé en genre d'affaires, qu'en ajoutant au ſimple contrat de ſociété, un contrat d'aſſurance du capital & d'un profit pour le co-aſſocié, c'eſt une duperie manifeſte pour l'aſſurer; que l'aſſuré ſe conſtitue par-là uſurier, & ſe met dans le cas de la reſtitution.

Mais ſoutenir, en preuve de cette aſſertion, que le triple contrat eſt condamnable comme contraire au Droit Naturel, &

à l'équité, c'eſt montrer qu'on voit du même œil ce qui eſt évident & ce qui eſt abſurde.

2°. Qu'on daigne peſer les conſéquences du cas ſuivant. J'ai, dans une entrepriſe de Commerce, un fond de cent mille écus, avec un profit très-probable & preſque certain de cinquante pour cent, en tout 450000 liv. Vous m'offrez l'aſſurance de tout ce fond, au moyen d'un neuvieme, c'eſt-à-dire, de 50000 liv. que je vous paierai : traité fait & conclu. L'on décide généralement que cet accord n'a rien que de juſte & de légitime, parce que ce n'eſt là qu'un traité à forfait, & une ſorte de pari, où il n'eſt queſtion que d'équité & de bonne foi.

Mais, qu'on y faſſe attention, s'il y a quelque choſe de vicieux dans les trois contrats, on doit le trouver auſſi dans cet accord. Je me départs d'une entrepriſe de Commerce, en cédant mon lieu & place à quelqu'un qui m'aſſure le capital & les deux tiers de profit. Cet aſſureur, il eſt vrai, n'étoit point antérieurement entré en ſociété avec moi pour cette entrepriſe. Mais cette circonſtance, à laquelle s'arrêtent les Caſuiſtes, n'eſt-elle pas étrangere & indifférente à la choſe? puiſque, ſelon eux, le premier contrat, de ſociété ſimple, ne forme aucune difficulté, & qu'elle naît principalement du troisieme contrat, qui est le second contrat d'assurance, pour le profit ou bien pour le capital ? Le contrat de société originaire n'est donc ici d'aucune conséquence, d'autant plus que cette qualité d'*associé* originaire disparoît par l'effet de la double assurance, par laquelle on me garantit mon capital & partie du profit ; ce qui fait que l'événement de l'entreprise ne me regarde plus. Il est donc visible qu'il y a une exacte parité, quant au fond, entre le cas qu'on vient de proposer, & celui des trois contrats. Si j'ai donc pu acheter au prix de 50000 liv. l'assurance d'un fond de 450000 liv. par convention avec un homme qui n'avoit point été mon associé ; pourquoi ne pourrois-je pas acheter cette même assurance, de mon propre associé, qui a cessé de l'être par l'effet d'un mutuel consentement ? Les droits que je céde ont sans doute une égale valeur, dans l'un & l'autre cas. Dès qu'il y a identité d'avantages, dans le parti de l'assurance, tant pour tel assureur que pour tel autre, il doit y avoir aussi parité d'espéce & de maniere de la qualifier. Donc le triple contrat est un vrai traité à forfait, &, à ce titre, plein d'équité.

3°. Insistons encore là-dessus, & examinons ce raisonnement-ci, qui renferme la doctrine des Scholastiques sur le sujet dont il s'agit : *Le premier & le second des trois contrats sont sans difficulté & très-équitables. Le troisieme sera juste aussi si vous le faites avec un tiers, ou tout autre que votre associé. Mais si ce dernier est votre unique assureur, votre dernier ou troisieme traité contracte le vice d'injustice & d'usure.*

Voilà donc en quoi consistera le mystere. La qualité qu'a un Négociant d'être mon associé, opere à mon égard une sorte d'interdit personnel, qui m'ôte la faculté de traiter avec lui pour un second contrat d'assurance. La source de cet empêchement, comme on l'a déja remarqué, n'est pas précisément dans le premier traité d'assurance : il n'y a pas de mal non plus dans le second, considéré en lui-même, puisqu'il pourroit être fait licitement avec un tiers. C'est la qualité de ci-devant associé, qui gâte tout. C'est-là un rapport de pure abstraction, & qui n'a plus d'objet réel : N'importe ; ce rapport est une sorte d'être mal-faisant, qui fait rejaillir sur moi le vice & la note d'usure. Cette seconde assurance est une action que j'ai achetée à un prix juste : elle est pourtant injuste, sans qu'on sçache pourquoi ; & l'assureur en eſt léſé, ſans qu'il puiſſe imaginer de motif pour s'en plaindre, & quoiqu'il perſiſte à en être ſatisfait. Qu'on eſſaie ſi l'on pourra trouver quelque autre maniere de raiſonner, qui ſoit plus intolérable.

4°. C'eſt donc par un préjugé, dont il eſt impoſſible de rendre raiſon, que les Caſuiſtes ſe plaiſent à décrier les trois contrats, comme uſuraires & proſcrits par le Droit Naturel. Il faut, ou abandonner cette prétention comme inſoutenable, ou condamner auſſi les traités à forfait, ſi légitimes & ſi familiers dans le Commerce. Dès qu'il en réſulte que toute juſtice eſt obſervée à l'égard de l'aſſureur, & que je le traite comme je voudrois être traité à ſa place, comme il veut l'être lui-même, il n'y a point de prétexte au ſoupçon d'uſure; n'y ayant pas de maxime plus inconteſtable que celle-ci: *Il n'y a jamais d'injuſtice à acheter une choſe ſur le pied de ſa juſte eſtimation* (a). Ce mot ſuffit pour juſtifier tout ce que nous avons dit du triple contrat, & des traités de ſociété en général.

Car quoiqu'il ſoit de régle, dans les ſociétés ordinaires, que les aſſociés doivent partager également les périls & les profits;

(a) Conférences de Paris ſur l'Uſure, *Tome II, Liv. III, page* 198.

c'eſt l'équité de cette régle même qui exige une autre maniere de partage, dans des ſociétés non ordinaires : c'eſt-à-dire, que ſi, en vertu de nos accords, je ſupporte une plus grande partie des riſques, ma portion de profit en doit être d'autant plus grande ; & que ſi je prends ſur moi tous les riſques, je dois en être dédommagé d'une maniere équitable. Je ne fais ni ne ſouffre aucun tort en cela ; parce que les conditions reſpectives ſont réglées ſur une *juſte eſtimation :* j'achete les avantages d'un forfait ou d'un pari, & mon aſſocié me vend ſes eſpérances. Quoi de plus conforme à la lumiere de l'équité ?

Cependant ce principe, tout évident qu'il eſt, a été méconnu par des Auteurs renommés, tels que ceux des *Conférences de Paris & de la Morale de Grenoble ;* & de-là tant de déciſions outrées, & par conſéquent injuſtes, qu'ils ont données pour des régles ſûres en matiere de contrats. Ils avoient oublié que le principe dont nous parlons, eſt appuyé ſur les autorités les plus déciſives : que le Droit Romain l'a reconnu & prouvé : *Venditio intelligitur velut quaſi alea venditur, quod fit cùm captus piſcium aut avium emitur. Emptio enim contrahitur, etiamſi nihil inciderit, quia ſpei emptio eſt.* (*Leg. nec emptio.*) Voilà le pari en traité à forfait, autorisé & prouvé : *quia spei emptio est.* Il n'est pas douteux, dit l'Empereur Justinien, que l'on peut faire un contrat de société, de maniere que l'un des associés se contentera d'une partie du profit, & sera à couvert de la perte : *Ita coiri societatem non dubitatur... ut quis lucri partem ferat, de damno non teneatur.* Instit. de Soc. §. *de illa.* Un associé, dit Cabassut, peut demeurer chargé des cas fortuits, pourvu qu'il soit équitablement dédommagé de cette charge convenue par un mutuel consentement, & cela suivant les Loix & les saints Canons : *Fortuitus casus potest socium astringere (modò suscepta ista, ex mutua conventione obligatio, ex æquo compensetur) secundùm Leges & Canones.* Cabass. *in Theori & Prax. de Societ. cap. 13.* La raison ultérieure se trouve dans l'essence des contrats, qui reçoivent la loi du mutuel consentement, *contractus ex conventione legem accipiunt.* Finissons sur ce point : il est trop dégoûtant d'accumuler des preuves sur un fait évident.

Mais l'intérêt de la vérité & l'importance de la matiere nous forcent ici d'entrer dans un détail plus intéressant. On a déja observé que saint Thomas d'Aquin, dans les temps où il a vécu, & entraîné par l'autorité d'Aristote, n'a pu avoir des idées nettes, des principes liés & sûrs touchant les matieres de l'usure. Les préjugés qui l'ont guidé, doivent être mis sur le compte de son siécle plutôt que sur celui de ce grand génie, pour qui le négoce de l'argent, la théorie du Commerce & ses rapports avec l'intérêt public étoient chose peu connue. On peut donc, sans déroger à la vénération qui lui est due, relever ses méprises, rectifier ses principes, ainsi que ses décisions ; ce qu'on peut faire souvent en le conciliant avec lui-même. Ce Docteur, aussi grand par sa modestie que par ses lumieres, permet à ses Lecteurs, & il les prie même de corriger les méprises qui lui auront échappées (*b*). Les Scholastiques y verront la source des leurs, & la nécessité de révérer encore plus, dans leur illustre chef, ses exemples que ses précieux écrits.

1°. La premiere notion que saint Thomas nous fournit, dans sa *Somme*, de l'intérêt usuraire, annonce les faux principes qui l'ont guidé. » L'intérêt de l'argent, dit-il, est illicite & injuste, parce qu'il se con-

---

(*b*) S. Thomas, *Opuscul.* 73, *cap.* 9, s'exprime ainsi : » Rogantes universos quos contigerit hoc » opus videre, quatenùs parcant, si per ignoran- » tiam malè diximus, & corrigant. «

ſume par l'uſage, & qu'en cette qualité il n'eſt point ſuſceptible d'uſuſruit (*c*). « Le ſaint Docteur ne devinoit pas que l'argent ſeroit, dans la ſuite, réputé immeuble; qu'il acquerroit la qualité de marchandiſe; qu'on en feroit des fonds productifs; & que l'intérêt deviendroit légitime en bien d'autres manieres. D'ailleurs, que l'argent ſe conſume par l'uſage ou non, s'enſuit-il clairement de-là qu'il eſt *ſtérile*, & que ſa jouiſſance n'eſt pas ſuſceptible d'eſtimation?

Imbus du préjugé de ſaint Thomas, les Scholaſtiques ne pouvoient manquer de s'égarer dès la définition qu'ils donnerent de l'uſure. Ils la firent conſiſter dans tout fruit que l'on prétend retirer de l'argent: *uſura eſt quidquid ultrà ſortem percipitur.* Définition qui confond toute ſorte d'intérêts, licites & illicites. Les Caſuiſtes modernes ont voulu la rajuſter, en y ajoutant que c'eſt quand l'intérêt procéde préciſément du prêt ſans titre légitime, *vi mutui:* ce qui n'eſt qu'une pétition de principe, & réduit la définition à ces mots: *L'intérêt uſuraire eſt celui qui n'eſt pas légitime.* Pour s'exprimer donc d'une maniere auſſi claire que l'exige

(*c*) 2. 2. *q.* 78, *art.* 1 *concluſio.*

une définition, il faut faire consister l'usure dans *une injustice faite à quelqu'un, à qui l'on a prêté ou avancé ;* puisque l'usure porte essentiellement & uniquement sur le prêt, suivi d'injustice à l'égard de l'emprunteur.

2°. La premiere raison qu'oppose le Docteur Angélique à l'intérêt de l'argent, est qu'il n'en peut point produire, étant un effet qui se détruit par l'usage, & ne peut donner lieu à l'usufruit : idée fausse, comme on vient de le dire, autant que celle qu'il ajoute, qu'en stipulant l'intérêt de l'argent, on vend ce qui n'existe pas, *venditur id quod non est.* Car le prêteur ne vend pas les profits qu'on pourra retirer de l'argent; mais il céde après la jouissance de cet argent ; & cette jouissance est une chose réelle & existante.

Une autre raison qu'il fait valoir encore, est que la stipulation de l'intérêt établit dans le contrat une inégalité & une injustice à l'égard de l'emprunteur : préjugé qu'on a ci-devant réfuté au long. Mais puisque saint Thomas devoit enfin attaquer l'intérêt par l'injustice qu'il renferme, il étoit tout simple de se fixer à cette raison, & de laisser à l'écart les visions d'Aristote.

3°. La raison principale, & dont le saint Docteur fait le plus d'usage contre les intérêts de l'argent, est que ces intérêts ne peuvent

peuvent appartenir qu'au propriétaire de cet argent ; & que la propriété en appartenant toujours à l'emprunteur, le prêteur ne peut sans injustice rien prétendre sur les intérêts (*d*).

Mais rien n'est exact & concluant dans cette maniere de raisonner, soit parce que le mot de *domaine* & de *propriété* ne présente qu'une idée vague & obscure, soit parce que la propriété de l'argent peut très-bien être considérée comme appartenant à l'Etat & non aux Particuliers, soit enfin parce que dans les affaires il ne s'agit nullement de la propriété de l'argent en lui-même, mais bien de sa jouissance, dont le droit passe du prêteur à l'emprunteur ; jouissance dont on ne peut point dire qu'elle ne soit pas estimable. La raison tirée de cette propriété, dont saint Thomas & nos Casuistes, après lui, ont fait comme le pivot du vieux systême sur l'usure, est donc une raison nulle & inadmissible. Elle est d'ailleurs inutile, parce qu'elle n'offre à l'esprit que des rapports de pure abstraction, tandis qu'il n'est question que d'assigner des régles sûres pour faire observer l'égalité entre le créancier

(*d*) 2. 2. *art.* 2, *ad secundum*.

& le débiteur ; ce qui dépend ſans doute d'une juſte eſtimation, qu'on ne ſçauroit faire à l'aide des termes & des rapports abſtraits.

4°. L'Ange de l'Ecole, contre ſon intention, autoriſe cette imprudente déciſion de divers Caſuiſtes, qui diſent qu'il faut ou prêter gratuitement, *ou ne point prêter du tout*, fondés ſans doute ſur ces paroles de ſaint Thomas, Que c'eſt un conſeil de prêter gratuitement, & un précepte de ne point prêter à intérêt : expreſſions peu exactes, comme on le dira en parlant d'un paſſage de ſaint Luc, que le ſaint Docteur a voulu expliquer dans cet endroit (*e*).

5°. Le même ſaint Docteur décide avec raiſon, que les profits d'un argent que l'on confie à un Commis pour un Commerce, appartiennent au commettant, & nullement au Commis. Il ne falloit pas aller chercher dans la Métaphyſique la preuve d'une vérité auſſi claire. Il n'y avoit qu'à dire que le Commis n'étant que l'inſtrument de ſon commettant, & repréſentant ſa perſonne, les profits ne peuvent pas plus appartenir au Commis, qu'une moiſſon ne peut appartenir à des ſerviteurs, qu'un propriétaire

---

(*e*) 2. 2. *art.* 1, *ad quartum.*

ſait travailler pour lui. Saint Thomas a recours, à ſon ordinaire, à la raiſon tirée de la propriété de l'argent (*f*), comme appartenant non au Commis, mais au Commettant, qui, en cette qualité, doit percevoir les fruits que produit ſon argent. On répétera encore que c'eſt de cette méthode que naît la confuſion des idées dans cette matiere.

6°. C'eſt ce qu'on va rendre plus ſenſible par le cas ſuivant. J'avois prêté à Titius mille écus, ſur ſon billet pour un an. Il vient me ſolliciter, à l'échéance, de convertir ce billet en rente conſtituée, & j'y acquieſce. Que l'on me demande pourquoi cette ſtipulation d'intérêt eſt légitime; ma réponſe eſt toute ſimple & ſans embarras: C'eſt qu'il a été réglé, par une eſtimation commune & par des loix qui l'ont ratifiée, que la jouiſſance d'une ſomme quelconque cédée pour un temps indéfini, vaut autant que l'intérêt annuel de cette ſomme.

Voyons maintenant de combien d'*ambages* ſera compliquée la preuve ſcientifique, que donnent les Caſuiſtes, de cette même déciſion. » Titius, nous diront-ils, avoit » d'abord la propriété de ces mille écus,

(*f*) Ibid. *art.* 2, *ad ſecundum.*

» en vertu du prêt pour un an ; & c'est » en qualité de propriétaire qu'il a dû jouir » seul, & à votre exclusion, des intérêts » ou fruits de cet argent. Lorsque le simple prêt a passé en constitution de rente, » la propriété de mille écus, qui n'étoit » qu'à temps sur la tête de Titius, lui a » été acquise pour toujours. Cependant, » quoique vous soyez aujourd'hui encore » moins propriétaire de cette somme, que » vous ne l'étiez durant le prêt, vous de» vez en jouir l'intérêt annuel ; parce » qu'il ne seroit pas juste qu'un autre eût » pour toujours les profits d'un capital qui » vous appartenoit, & parce que les loix » l'ont ainsi réglé. «

Il étoit bien plus simple & plus vrai de dire : *Cet intérêt a été déclaré légitime, parce qu'en lui-même il étoit juste*, quoiqu'on ne *puisse nier que la légitimité de cet intérêt anéantit notre systême.*

7°. Saint Thomas a éprouvé l'incohérence & l'embarras des principes qu'il avoit établis dans sa Somme, lorsqu'il a encore traité des matieres de l'usure, dans ses *Opuscules*, le dernier de ses Ouvrages Théologiques, qu'il n'eut même pas le temps d'achever. Il y décide fort justement que, quand on place de l'argent dans une société de Commerce, on peut, sans encourir le ſoupçon d'uſure, percevoir des profits à raiſon de la ſomme que l'on a fournie, & ſuivant les juſtes conventions que l'on a faites. Cette vérité n'exigeoit que deux mots pour toute preuve. Mais quand on s'eſt dévoué à un ſyſtême alambiqué, on ne peut en faire l'application aux divers cas qui ſe préſentent, que par des raiſonnements multipliés & obſcurs. En effet, le ſaint Docteur juſtifie ici le profit de l'argent, en diſant que ce profit n'eſt pas tiré phyſiquement de l'argent, comme ſi un écu en faiſoit naître un autre; mais que ce profit en eſt tiré moralement, & *médiatement*, en ce qu'il provient des marchandiſes achetées au moyen de cet argent : à quoi il ajoute ſa raiſon principale & ordinaire, priſe de la propriété de l'argent, dont on retient le domaine quand on le place en ſociété de Commerce : *Rei propriæ tunc fructum percipit, non tamen partum numiſmatis ex numiſmate immediatè, ſed partum rerum ipſarum quæ per numiſmata ſunt acquiſitæ juſtâ commutatione* (g).

8°. C'eſt en laiſſant à l'écart ſes idées ſyſtématiques, & en ſuivant celles de l'équité naturelle, que ſaint Thomas a décidé

(g) *Opuſc.* 73, *cap.* 11.

encore que si j'ai prêté gratuitement une somme, dont la privation m'occasionne ensuite une perte considérable, je puis sans péché exiger de mon emprunteur l'indemnité de cette perte (*h*). Décision vague & d'ailleurs peu exacte. Car faut-il que l'indemnité égale la perte ? Le saint Docteur semble l'entendre ainsi. Mais cette indemnité, dans certains cas, pourroit doubler ou tripler le capital ; & les loix n'autorisent alors une indemnité qu'à concurrence de l'intérêt de l'argent. Est-ce la vertu de justice qui exige rigoureusement cette indemnité ? Si saint Thomas l'avoit entendu ainsi, ce seroit une méprise, excepté le cas où cette indemnité auroit été stipulée. Enfin cette indemnité peut-elle être exigée par un prêteur riche sur un emprunteur pauvre, & à qui il a prêté par charité ? C'est ce que l'Ange de l'Ecole n'a pu penser, & sur quoi il nous laisse dans le doute.

Nous ne nous sommes permis ces remarques sur les défauts & les inconvénients du systême de saint Thomas touchant l'usure, que parce que nos Casuistes en ont poussé encore plus loin les fausses conséquences,

---

(*h*) 2. 2. *art.* 2, *ad primum.*

comme on va le montrer, pour faire sentir la vérité de cette maxime importante, » Que les notions abstraites ne sont d'usage que pour mettre de l'ordre dans » nos connoissances, en marquant à chaque idée sa classe ; mais que de s'imaginer qu'elles soient faites pour conduire » à des connoissances particulieres, c'est un » aveuglement d'autant plus grand, qu'elles » ne se forment elles-mêmes que d'après » ces connoissances (*i*).

(*i*) Traité des systêmes, *page* 7.

CHAPITRE VIII.

Le faux systême sur l'Intérêt de l'Argent a entraîné les Scholastiques & les Casuistes dans des erreurs grossieres au sujet des causes qui, selon eux, autorisent le Prêt lucratif, & dans de mauvaises décisions au sujet des rentes constituées, des traités de société de Commerce & de Châtel, de l'Intérêt de la Banque, des Monts de Piété, & du Prêt à jouir des Foires de Lyon.

Ce n'est qu'avec répugnance que nous allons proposer quelques observations critiques sur l'influence qu'ont eu les faux principes de l'ancienne Ecole, dans les maximes & les décisions des Théologiens modernes, dont nous respectons d'ailleurs le mérite & les lumieres. Mais ils n'ont eu en vue, dans leurs Ecrits, que l'intérêt de la vérité. Si par hazard elle avoit échappé à leurs recherches, & qu'ils l'apperçussent ici, en seroit-elle moins en droit d'exiger leurs hommages?

I. C'est une grande question, parmi nos Casuistes, de sçavoir quels sont les titres qui autorisent les intérêts du prêt. Mais cette question, dans leur systême, devroit-elle avoir lieu, & n'y a-t-il pas la plus grande inconséquence à la proposer ? Car c'est demander en combien de manieres l'on peut agir contre le Droit Naturel sans le violer, ce qui choque le bon sens : puisque, s'il est vrai que tout intérêt sur prêt soit essentiellement prohibé par le Droit Naturel, il sera vrai aussi qu'en quelques circonstances qu'on veuille l'exiger, il sera illicite ; parce que le Droit Naturel ne peut se contredire lui-même, ni admettre des exceptions. Comme ce seroit donc une question impertinente, de demander dans combien de cas on peut se permettre des actes de fourberie & d'idolâtrie, c'en est une tout aussi improposable, de demander quels sont les titres qui autorisent l'intérêt de l'argent, s'il est réellement prohibé, comme l'ont imaginé les Scholastiques, par les sanctions de la loi naturelle. Aussi ne voit-on pas que saint Thomas ait mis en avant une question pareille, puisqu'il s'est borné à dire, comme on l'a observé dans le Chapitre précédent, que quand le prêt occasionne des pertes, l'emprunteur doit une indemnité.

Au commencement du quinzieme siécle, les Scholastiques étoient encore si religieuſement attachés au ſyſtême de ſaint Thomas, que la plupart s'éleverent avec force contre l'établiſſement des rentes à prix d'argent, qui fut alors le ſujet d'une diſpute fort vive. Ils diſoient que l'intérêt de ces rentes étoit clairement uſuraire ; que l'argent n'eſt ni plus ni moins ſtérile, ſoit qu'on le céde pour un court délai, ſoit qu'on le céde pour un temps indéfini ; & que la différence de ces deux claſſes ne pouvoit point, ſelon l'ordre du Droit Naturel, rendre l'intérêt illicite d'un côté, & légitime de l'autre. Ils diſoient tout cela, & il n'étoit pas poſſible de mieux raiſonner, ſuivant leur ſyſtême.

Mais qu'arriva-t-il ? Le Pape Martin V prononçant ſur cette controverſe, déclara juſtes & légitimes les rentes conſtituées à prix d'argent, par ſa Bulle *Regimini univerſalis Eccleſiæ*, de l'année 1425, qui fut enſuite confirmée par Calixte III. Dès-lors le débat prit fin, & le zèle pour la défenſe du Droit Naturel s'évanouit. L'embarras fut de ſauver l'honneur du ſyſtême, & de couvrir la breche que la loi venoit de lui faire : choſe facile à des Eleves de l'Ecole Péripatéticienne. Les Scholaſtiques trouverent alors une différence eſſentielle entre le prêt fait à terme, & le prêt fait pour un temps indéfini ; & ils déciderent que dans ce dernier cas, & non dans le premier, l'intérêt eſt légitime, parce que l'emprunteur acquiert pour toujours la propriété de la ſomme qui lui eſt comptée. La ſtérilité naturelle de l'argent ne ſe concilioit guere avec cette raiſon. N'importe : l'Ecole s'en eſt contentée, faute d'en trouver une meilleure.

Ce n'eſt pas le ſeul contre-temps qu'éprouverent les partiſans du ſyſtême. Ne leur fallut-il pas reconnoître encore la légitimité de l'intérêt de l'argent, dans les ventes des fonds faites à crédit, dans les droits légitimaires, dans les conſtitutions dotales, dans la ceſſion de ces mêmes titres, & dans les dommages & intérêts ? Il n'a pas été poſſible de faire prévaloir les arguments, ſur les Loix civiles qui ont tranché toute difficulté ſur ces objets ; & en dépit d'Ariſtote, l'argent a perdu légalement ſa ſtérilité.

II. Voilà donc pourquoi les Scholaſtiques en ſont venus à mettre en queſtion quels ſont les titres qui légitiment l'intérêt, & ſe ſont exercés à les caractériſer, afin d'établir une différence entre le licite & l'illicite. Leurs ſpéculations ſe ſont terminées à dire que l'intérêt eſt juſte ſeulement quand il eſt exigé pour toute autre conſidération que celle du prêt, & toujours uſuraire quand le prêt en eſt l'unique fondement, *ex mutuo vi mutui.* Pour plus grande explication, ils ajoutent que la perte que le préteur ſouffre de la privation de ſon argent, & la ceſſation du profit qu'il en auroit retiré, ſont les vrais & ſeuls titres qui le rendent légitime. Mais le défaut qu'a cette nouvelle régle de ſapper le fondement du ſyſtême, n'eſt pas le ſeul reproche qu'elle mérite.

Car 1°. une régle de mœurs ne ſçauroit être trop claire, & ne peut être admiſe quand ſon effet naturel eſt de jetter dans la perplexité les conſciences timorées, & d'égarer celles qui ne le ſont guere. Or tel eſt le fruit de la régle prétendue de nos Scholaſtiques. La probité, plus ſcrupuleuſe qu'éclairée, craint de ne ſe faire illuſion, en s'autoriſant, pour percevoir des intérêts, des conſidérations vagues, & ſouvent peu certaines du *dommage naiſſant* ou du *lucre ceſſant.* De-là tant de queſtions, toujours renaiſſantes, dont on fatigue les Caſuiſtes; les gens qui, au contraire, ſont peu délicats en fait de droiture, s'arrêtent à la plus petite raiſon qui leur paroît un motif *extrinſéque* pour légitimer l'intérêt. De-là tant de murmures contre l'exaction des intérêts, quand on ſe libere envers le préteur. Cette régle n'eſt donc bonne qu'à donner de l'exercice aux Casuistes : & l'on sçait combien il arrive souvent que leurs décisions soient contradictoires.

2°. Il est facile de se convaincre que les exceptions fondées sur le *dommage naissant* & sur le *lucre cessant*, donnent lieu à des équivoques, à des erreurs, toujours de conséquence en matiere de justice. On en jugera par deux cas qu'on va exposer.

J'ai destiné vingt mille francs, que j'ai en main, à une entreprise qui doit se faire par deux associés & moi, & prendre fin dans trois ans. Vous venez me faire tant d'instances pour vous prêter ce capital, que je vous le céde, à l'intérêt ordinaire, pour le même terme, de trois ans, parce que les deux associés consentent que l'entreprise reste sur leur compte. Mais son issue est si malheureuse qu'ils y ont perdu leurs avances, c'est-à-dire, chacun 20000 liv. Vous m'avez donc sauvé mes 20000 liv. en me les empruntant. L'espérance que j'avois eue, de tirer de gros profits de cet emploi de mon capital, n'étoit qu'une erreur de ma part, & le *lucre cessant* qu'une fausse hypothèse. Je n'ai eu cependant d'autre fondement pour stipuler l'intérêt, que ce *lucre cessant*, qui n'en est point ici. Puis-je, dans ces circonstances, recevoir & retenir ces intérêts ?

Des Casuistes fideles à leur systême & à leur routine, ne manqueront pas de les condamner, fondés sur ce raisonnement : les intérêts, diront-ils, ne sont justes qu'à titre d'indemnité, & en remplacement du *lucre* réellement *cessant*. Loin d'avoir perdu un profit, en vous décidant au parti du prêt, c'est lui qui vous a sauvé votre capital. Ces intérêts qui, d'abord sembloient fondés sur un titre vrai, ont contracté la qualité d'usuraires dès que ce titre s'est trouvé faux par l'événement. Il est donc indispensable de les restituer.

Mais des Casuistes, plus attentifs à suivre la lumiere des vraies regles, décideront tout le contraire. Ils diront que les conventions font la loi dans les affaires que l'on traite ; que le sort de ces conventions ne dépend point des circonstances futures, & qu'elles restent les mêmes, malgré les bons ou les mauvais événements ; que l'emprunteur n'avoit aucun intérêt à ce que l'espérance qui m'avoit déçu, fût bien ou mal fondée ; que s'il en étoit autrement, il faudroit, dans bien des cas, assujettir le titre du *lucre cessant* aux spéculations des *futurs conditionnels*, & deviner si tel ou tel emploi, que l'on balançoit à faire de son capital, auroit été heureux ou défavorable ; & qu'enfin la cession de mon argent ayant été juſte dans l'origine, il eſt abſurde de dire qu'elle ſoit devenue illicite.

Autre cas. Un mondain opulent eſt nanti de 12000 liv. outre ſon courant. Il n'en a pas d'emploi, autre que des fantaiſies de luxe, auxquelles il eſt fort ſujet, & qui pourront lui rendre cet argent néceſſaire. Un Négociant lui demande ce capital, & l'obtient à l'intérêt ordinaire. Ce prêt n'offre point le cas du lucre ceſſant proprement dit. C'eſt, au contraire, un avantage pour ce prêteur d'avoir mis en ſûreté un fond, que de folles dépenſes auroient apparemment conſumé. Mais peut-il exiger les intérêts ſtipulés? Non, ſans doute, diront les premiers Caſuiſtes. Ils ſont légitimes, repliqueront les derniers: car qu'importe au Négociant que l'argent qu'on lui a prêté, eût été deſtiné à de folles dépenſes ou à des emplois lucratifs? Que lui importe auſſi, aujouteront d'autres, que ſon emprunteur ſoit fondé ou non ſur des motifs Théologiques, à exiger les intérêts ſtipulés? Devra-t-il lui faire ſubir à ce ſujet une audition cathégorique, pour pouvoir emprunter en ſûreté de conſcience?

III. Que les Scholaſtiques aient admis, pour légitimer l'intérêt, la raiſon priſe du *dommage naiſſant*, il n'y a en cela rien de trop: ſaint Thomas leur en avoit donné l'exemple. Mais lorſque l'événement de la perte, occaſionnée par le prêt, n'a point été prévu & ſtipulé, & que le prêt a été fait à titre gratuit, l'emprunteur eſt-il alors dans le cas de payer l'indemnité ? Queſtion, dont les Caſuiſtes ne ſe ſont point occupés, & qu'ils décideroient affirmativement, en ſuivant le fil de leurs idées. Il paroît cependant que, ſelon les régles étroites de la juſtice, il en faut juger différemment ; parce que quand on a conſenti de prêter gratuitement, on doit s'imputer enſuite des accidents fâcheux, qui ne ſont arrivés ni par la faute ni par le fait de l'emprunteur, mais par des cauſes qui lui ſont étrangeres ; parce que la ſtabilité des contrats n'eſt point aſſujettie aux événements, & que c'eſt à la partie intéreſſée à les prévoir ; parce qu'enfin elle ne peut être reçue à demander la reſciſion d'un traité, par la ſeule raiſon qu'elle n'y trouve plus ſon compte. Ce n'eſt donc que par reconnoiſſance & par généroſité que l'emprunteur doit payer l'indemnité, dès qu'elle n'eſt point entrée dans la convention. D'un autre côté, l'indemnité n'eſt pas due ſelon toute l'étendue que peut avoir la perte, mais à concurrence de l'intérêt de la ſomme prêtée, comme on l'a dit ailleurs. Le *dommage naiſſant* n'eſt donc pas une régle préciſe & ſûre. L'unique que l'on puiſſe aſſigner ici, eſt que la jouiſſance de l'argent prêté eſt équivalente à l'intérêt de cet argent, & qu'une ſtipulation juſte doit être exécutée.

Quant à la raiſon priſe du *lucre ceſſant*, admiſe par tous les Scholaſtiques modernes, on doit la regarder comme une innovation faite à la doctrine de ſaint Thomas, qui a nettement rejetté ce titre comme illégitime. Car, en parlant de l'indemnité à raiſon du *dommage naiſſant*, il ne l'autoriſe qu'autant que le prêteur ne la regarde pas comme un gain, & qu'elle n'eſt, à ſon égard, que la réparation de la perte qu'il a faite : *Non ad faciendum lucrum, ſed ad damnum vitandum.* Saint Thomas rejettoit donc toute raiſon priſe du *lucre ceſſant.* D'où vient cette innovation de la part des Scholaſtiques ? C'eſt qu'ils ont été forcés de céder à des uſages introduits par la révolution des temps, ainſi qu'à la faveur & au crédit où eſt monté le Commerce, qui étoit encore fort avili en Europe, dans le ſiécle de ſaint Thomas. Ce qui devra étonner ici, c'eſt que les Caſuiſtes, en établiſſant les deux régles dont on vient de parler, n'aient fait aucune exception en faveur des prêts que les riches font aux perſonnes qui ſont mal accommodées, & qu'ils autoriſent tel millionnaire qui prête à de pauvres familles, à en exiger des intérêts. En cela, il ne viole point la justice : à la bonne heure. Mais il manque à la loi de la charité, parce qu'il tire de la misere d'autrui de quoi augmenter son opulence.

IV. Ce qui fait voir encore combien les principes des adversaires du prêt de Commerce sont incohérents, c'est que les régles du dommage naissant & du lucre cessant combattent d'autres maximes dont ils ont fait autant d'axiômes, quoique pleines d'équivoques; telles sont celles-ci : *Res perit domino, res fructificat domino.* Car s'il est vrai qu'un capital doit toujours périr sur le compte du propriétaire, il n'y a plus lieu au traité d'assurance, celui qui l'a fait n'ayant point la propriété de la chose qu'il assure, *res perit domino.* S'il est vrai aussi que les profits d'un capital ne peuvent appartenir qu'au propriétaire, & que la propriété d'une somme prétée soit sur la tête de l'emprunteur; pourquoi sera-t-il obligé de prendre sur des profits, que souvent il n'aura pas faits, de quoi indemniser le préteur d'une perte que le hazard lui a fait essuyer, ou du gain qu'il auroit pu faire avec son argent? L'emprunteur, dit l'Ecole, ne peut rien devoir à son préteur après le remboursement de son capital, dont les profits sont son propre bien, *res fructificat domino.* Ces prétendus axiômes, malgré l'importance qu'on y attache, ne ſont qu'augmenter la confuſion des idées ; le tout pour nous apprendre en Latin, qu'une choſe appartient à ſon maître, que c'eſt tant pis pour lui ſi elle vient à périr, & tant mieux pour lui ſi elle donne du profit : *Res clamat domino, res perit domino, res fructificat domino.* Etrange méthode, avec laquelle on cherche, dans l'obſcurité des abſtractions métaphyſiques, la route de la lumiere ; au lieu de s'en tenir aux notions de l'équité, dont il s'agit uniquement, & d'adopter l'application qu'en fait la loi commune, ou la loi particuliere du contrat.

V. Pour juger juſqu'à quel point les idées louches des Scholaſtiques ont obſcurci, ont jetté des nuages ſur la matiere des contrats, rappellons ici les anciens préjugés au ſujet des rentes conſtituées. D'abord, comme on l'a dit déja, elles furent notées comme des contrats uſuraires par la foule des Scholaſtiques. Après qu'elles furent approuvées, autre ſujet de diſpute. Falloit-il, pour les laver de la tache d'uſure, qu'elles fuſſent établies ſur des immeubles ? Le Pape Pie V. le déclara ainſi par ſa Bulle de 1569, & un Concile Provincial de Bordeaux de 1583 en fit autant. Mais ni cette Bulle ne fut reçue en France, ni ce Concile dans la Province; & l'on a continué de créer des rentes à prix d'argent, sans les établir sur aucun immeuble particulier. On s'est apperçu, sans doute, que c'étoit à l'autorité publique à déterminer les clauses essentielles des constitutions de rente, & que ce droit ne devoit point être dévolu à l'autorité spirituelle, sous prétexte que les matieres de l'usure intéressent la Loi de Dieu.

N'est-ce pas une clause usuraire que de stipuler dans une constitution de rente que l'acte perdra sa force, qu'il sera rescindé, que le créancier reprendra son capital, dans le cas que le débiteur passe quatre ans sans payer la rente? La clause est usuraire, suivant les Bulles de Martin V & de Calixte III; & la raison des Scholastiques est qu'il est de l'essence de ces sortes de contrats que le débiteur ne puisse jamais être forcé à rembourser le capital. Mais si cette condition-là est de l'essence de ces contrats, pourquoi permet-on cette autre clause, Que si le débiteur qui, pour assurer le capital, promet de fournir un emploi solide avant un ou deux ans, ne remplit point sa promesse, le créancier sera en droit de répéter sa somme? Pourquoi encore tant de Casuistes regardent-ils comme usuraire la réservation que se fait le créancier, qu'il sera prévenu de rembourser quatre mois à l'avance? D'où partent des décisions qui sont ainsi tantôt contradictoires, & tantôt gratuites? On ne peut en trouver la source que dans de fausses spéculations, que l'on érige en principes, & que l'on substitue aux régles de l'équité naturelle.

VI. Dans les contestations ou difficultés qui s'élevent au sujet des traités de société, où l'un fournit l'argent & l'autre l'industrie, la grande attention des Casuistes modernes est de favoriser toujours les intérêts du preneur, & de mettre au rabais ceux du bailleur, de maniere que sa condition s'éloigne le moins qu'il est possible du prêt gratuit. C'est sur cette singuliere régle de conduite qu'ont été conçues une multitude de décisions qu'on voit dans nos *Dictionnaires de Cas de conscience*, dans les *Conférences de Paris*, & ailleurs, où l'on s'apperçoit sans peine que la cause du bailleur est toujours regardée comme défavorable, comme suspecte d'envelopper quelque usure, du moins *palliée*, du moins *implicite*. Sur quoi ces Casuistes, par la crainte de conniver à des pactions suspectes, ou de favoriser la Morale relâchée, font toujours pencher la balance du côté du débiteur, & tendent, autant qu'il est possible à ronger les ailes au créancier, sans faire attention que la décision la plus relâchée eſt toujours celle qui bleſſe le plus les droits de la juſtice ; c'eſt-à-dire, qu'on croit prononcer des déciſions équitables, quoiqu'on y ait perdu de vue les vraies régles de l'équité.

VII. Un exemple frappant des diſparates dont on vient de parler, eſt la maxime de nos Caſuiſtes, que, dans les contrats de Châtel ou de ſociété pour nourrir des beſtiaux, qui ſont en uſage dans la plupart des Provinces, il eſt de l'eſſence de ces ſortes de traités, pour être exempts d'uſure, que le preneur ne ſoit chargé des riſques ou cas fortuits qu'à raiſon de la propriété qu'il peut avoir d'une partie de ces beſtiaux ; que lorſqu'ils appartiennent au ſeul bailleur, lui ſeul doit abſolument ſupporter les pertes ; & qu'il ne peut compoſer, à cet égard, avec le preneur, ſans faire un contrat uſuraire.

On avoue que c'eſt en général un réglement utile & convenable, que de pauvres cultivateurs, chargés de ſoigner & nourrir des beſtiaux qu'on leur confie, ne ſoient point tenus de repréſenter la valeur de ceux qui périſſent ſans qu'il y ait de leur faute. Diverſes coutumes qui ont paſſé en loi dans pluſieurs Provinces, s'oppoſent aux ſtipulations qui pourroient naturellement grever le preneur, en lui faiſant ſupporter des pertes qui ſouvent pourroient être ruineuſes pour lui. La loi de l'uſage a voulu lui aſſurer la partie du *croît* & du profit qui eſt due à ſes ſoins, & le mettre à couvert des ſurpriſes & des ruſes d'un bailleur avide. Un motif d'utilité publique a autoriſé cet uſage.

Mais prétendre, comme les Caſuiſtes dont nous parlons, qu'il eſt de l'eſſence de ces traités que les pertes ſoient toujours ſur le compte du propriétaire, & qu'il ne lui ſoit pas permis de s'en affranchir dans les lieux qui n'ont pas de loix à ce ſujet, en faiſant au preneur des avantages équivalents ; ſoutenir que ce dernier ne peut être indemniſé de cette charge par une plus grande partie du profit, vouloir enfin que le riſque dont il s'agit ne puiſſe être racheté, ſans bleſſer le Droit Naturel, c'eſt décider contre les premieres notions de la nature des contrats.

Car ſi, en faiſant un contrat de Châtel, je donne au preneur le choix de ſe contenter ſuivant l'uſage de la moitié du *croît* & des profits, ou bien d'en prendre les deux tiers en demeurant chargé des riſques, & que jugeant prudemment que ces riſques ſont fort peu à craindre, il veuille ſubir la condition propoſée, pour gagner davantage ; ce preneur, inſtruit par ſon expérience, & bien mieux en état que les Casuistes de faire des combinaisons justes, rendra-t-il le bailleur usurier en acceptant cette derniere offre ? Les lumieres les plus communes font sentir qu'une condition onéreuse cesse de l'être, quand elle porte avec elle une compensation qui peut devenir fort lucrative, & que la légitimité des traités à forfait ne laisse ici aucune difficulté. C'est ce qu'on peut rendre palpable par ce cas-ci :

Je vous prends à louage un cheval, pour deux mois, à trente sols par jour, & les cas fortuits sont sur votre compte, ainsi qu'il est d'usage. Vous me proposez un autre marché. Vous n'exigez que vingt sols par jour, si je me charge de tous les événements. J'y consens, & je vous constitue usurier. Les Scholastiques auront beau crier : *Res perit domino.* Point du tout : une chose ne périt point sur le compte de son maître, quand il a payé un assureur, qui lui en répond, & c'est ici le cas.

VIII. Suivant les décisions de nos Casuistes, les Banquiers qui fournissent de l'argent pour du papier, & du papier pour de l'argent, en retenant un bénéfice, ne sont à couvert du reproche d'usure, que parce qu'ils ne perçoivent pas ce bénéfice à cause de l'argent dont ils font l'avance,

ou

ou qu'ils se chargent de faire compter ailleurs, mais à cause de leur état fort utile au public, & des dépenses auxquelles cet état les engage. Même décision & même raison pour les Monts-de-Piété.

Mais si ces deux sortes de bénéfices n'étoient pas autorisés par des Loix politiques, ces Casuistes les autoriseroient-ils? Non, sans doute. Ils prouveroient, à leur maniere, que ce bénéfice a tous les caracteres de l'usure, & que l'usure étant criminelle, comme contraire au Droit Naturel, elle ne pouvoit trouver d'excuse recevable ni dans l'intérêt public, ni dans les besoins des pauvres. Après quoi viendroient, à l'appui de cette décision, tous les raisonnements dont on a vu la réfutation.

Cependant, pour ne pas abandonner leur systême contre la nature de l'intérêt de l'argent, ces Casuistes exigent que l'on croie que dans les Banques & les Monts-de-Piété, on n'a garde de percevoir l'intérêt qui est d'usage, en vue de l'argent que l'on avance, mais seulement en vue des dépenses que l'on a à faire; & que si un Banquier avoit assez mauvaise conscience, pour diriger autrement son intention, & pour avoir égard, dans la retenue qu'il fait, à la somme dont il se dessaisit, il ne sçauroit échapper au reproche d'usure.

Mais de pareils raisonnements sont-ils tolérables dans une matiere aussi grave ? & cette direction d'intention n'a-t-elle pas trop d'analogie avec celle des vieux Casuistes, dont se moquoit Pascal, qui autorisoient l'achat des bénéfices, pourvu qu'en comptant l'argent, on n'eût pas en vue d'acheter l'objet spirituel du bénéfice, afin de laisser à côté la simonie ?

La vraie raison, qui rend légitimes les profits que font les Banquiers, est donc qu'ils remplissent les devoirs d'un état ; que cet état est utile & autorisé ; qu'ils doivent être salariés par les particuliers, pour les services qu'ils leur rendent ; & qu'enfin le prix de ces services n'en excéde pas la valeur. Qu'ils aient plus ou moins de dépenses à faire ; qu'ils gagnent des deux côtés en bien des cas, c'est-à-dire, avec le demandeur & avec le correspondant, leurs droits n'en sont pas moins justes, & il n'y a point là d'usure à excuser. Tout établissement d'une utilité reconnue pour la société, est aussi un établissement licite ; parce que la suprême Sagesse n'a pu mettre en opposition l'ordre des choses & les régles des mœurs.

IX. S'il faut en croire les mêmes Casuistes, l'usage de l'Escompte, ou la retenue des intérêts jusqu'à l'échange des billets ou lettres-de-change, est une usure très-condamnable, & qui met dans le cas de la reſtitution, à moins qu'il n'y ait à dépenſer, à perdre ou à riſquer dans ces billets ou lettres-de-change. Hors de ces cas, on doit les prendre à leur valeur, & pour la ſomme qui y eſt portée.

Cette déciſion ſuppoſe que la jouiſſance de l'argent eſt nulle, & qu'il eſt égal de toucher actuellement une ſomme, ou de l'attendre ſix mois ou un an. Ce paradoxe n'a pas beſoin d'être réfuté de nouveau.

L'uſage de l'Eſcompte eſt reçu dans tous les pays de Commerce, ſoit en France, ſoit ailleurs. A la bonne heure, que l'on exhorte & que l'on encourage les gens qui honorent la profeſſion du Commerce, par leur probité & leur religion, à ne retenir l'eſcompte qu'à titre d'indemnité, quand elle a lieu réellement. Mais comme il n'y a que le Négociant qui ſoit inſtruit des circonſtances perſonnelles qui peuvent donner lieu à cette indemnité, & qu'il n'eſt pas poſſible de le convaincre d'agir contre ſes lumieres, quand il uſe de l'eſcompte; on ne peut, ſans imprudence, en condamner la pratique dans aucun cas particulier. Les effets commerçables n'ayant d'ailleurs qu'une valeur momentanée & toujours variable, il n'eſt pas au pouvoir de l'autorité publique de prohiber l'eſcompte.

Elle s'égareroit en cela, & ne parviendroit qu'à la ſubverſion du Commerce. Si cette profeſſion eſt la plus eſſentielle au bien public & au ſoutien de l'Etat, ſi celle de Banquier lui eſt même ſubordonnée, faut-il cenſurer dans l'une ce que l'on approuve dans l'autre. Car enfin la retenue qu'on ne conteſte pas aux Banquiers, eſt-elle autre choſe qu'une ſorte d'Eſcompte ?

X. Une autre déciſion de nos Moraliſtes, eſt que les privileges particuliers qui permettent, en faveur du Commerce, l'intérêt du prêt à jour, tels que ceux dont jouit la ville de Lyon, ſont bons pour le for externe, mais qu'ils ſont nuls pour le for interne, & ne mettent point à couvert la conſcience du reproche d'uſure.

Cette déciſion eſt une conſéquence naturelle du ſyſtême qui met en oppoſition l'intérêt de l'argent avec le droit naturel.

Mais ce ſyſtême étant d'une fauſſeté démontrée, il n'eſt plus poſſible de trouver un fondement à la déciſion. N'y a-t-il pas d'ailleurs de la témérité de mettre ainſi en conflit l'autorité publique & la loi de la conſcience ? Celle-ci, dans les affaires temporelles, eſt toujours ſubordonnée à la loi du Prince, excepté les cas particuliers que cette derniere loi n'a pu prévoir, & où elle n'a lieu que par l'effet d'une préſomption vague & trompeuſe. Dans le cas du doute ſi une loi reçue dans l'Etat s'accorde avec ce que paroît preſcrire la régle des mœurs, c'eſt à la loi civile qu'on doit déférer ; parce que l'autorité d'où elle émane eſt cenſée l'avoir portée avec maturité & avec connoiſſance de cauſe, & parce que la Loi divine a ſoumis à cette autorité tous les membres de la ſociété. C'eſt la déciſion de ſaint Paul, qui vaut bien celle des Scholaſtiques, fondée ſur les principes d'Ariſtote. L'intérêt du prêt à jour n'a été autoriſé, dans les foires de Lyon, que parce qu'il eſt naturellement juſte. Car ce n'eſt pas le privilege qui l'a rendu juſte, d'injuſte qu'il étoit. Il eſt donc préſumé exempt de tout ſoupçon d'uſure, & conforme à la loi du for interne, par cela ſeul qu'il eſt autoriſé dans le for externe.

CHAPITRE IX.

Les Scholastiques ont cherché vainement, dans les Livres saints, de quoi condamner l'intérêt du Prêt de Commerce. Ils expliquent, contre son sens vrai & littéral, le fameux texte de saint Luc, Mutuum date, nihil inde sperantes. *Examen d'un autre texte de saint Matthieu. Disparate de plusieurs Casuistes, qui sont Rigoristes sur l'Intérêt de l'argent, & relâchés sur toute autre matiere.*

LE systême des Scholastiques touchant le Prêt à intérêt, n'auroit pas fait fortune jusqu'à nos jours, si, à l'abus de l'art de raisonner, ils n'avoient ajouté l'abus des Livres saints; & le reproche le plus grave qu'on est en droit de leur faire, est d'en avoir altéré le vrai sens, pour le ramener aux idées d'Aristote, auteur de ce systême.

On a observé, dans le premier Chapitre, que la Loi des Juifs, qui étoit politique & religieuse, leur avoit expressément ordonné le prêt gratuit, & défendu parmi eux l'intérêt, même le plus modéré. Le but de cette Loi étoit de leur faire pratiquer la charité fraternelle par le sacrifice de l'intérêt personnel, & de leur faire sentir le prix du Gouvernement Théocratique, sur les mœurs des nations étrangeres auxquelles il leur étoit permis de prêter à intérêt. Ce seroit calomnier cette Loi, que d'inférer de cette permission, celle de prendre sur ces débiteurs étrangers des intérêts exorbitants. C'eût été une injustice que Moyse avoit voulu prévenir dans le verset 25 du chap. 22 de l'Exode, *Non urgebis quasi exactor, nec usuris opprimes.*

C'est s'éloigner du sens de cette loi, de prétendre, comme certains Commentateurs, que l'exaction de l'intérêt sur les étrangers n'étoit que tolérée. Car cette interprétation est démentie par le texte sacré, qui exprime une permission formelle : *Non fœnerabis fratri tuo . . . . . sed alieno.*

Il n'est pas plus raisonnable de dire, avec certains autres Interpretes, que l'exaction des intérêts étoit permise aux Juifs sur les étrangers, parce que Dieu avoit accordé à son peuple la propriété des biens des nations profanes : comme si David, Salomon, & les autres Rois des Juifs avoient été dispensés, ainsi que leurs sujets, d'observer le droit des Gens, & les loix ordinaires de la justice envers leurs alliés & leurs voisins. Ces deux opinions sont donc également à rejetter ; & elles n'ont été imaginées qu'en faveur du systême des Scholastiques, suivant lesquels un intérêt quelconque est une injustice radicale, & le violement du Droit Naturel. Mais l'on doit conclure au contraire, de la liberté qu'avoient réellement les Juifs de prêter à intérêt à des étrangers, qu'il n'a rien d'opposé au Droit Naturel.

Cette distinction d'un peuple à un autre, ne pouvoit entrer dans le plan de la Loi de l'Evangile, parce qu'elle a été faite pour tous les peuples de l'univers. Son objet est de faire pratiquer la bienfaisance & la charité envers tous les hommes, sans distinction ; mais elle ne touche point aux droits de propriété qui sont le fondement de l'ordre social, qu'elle a voulu perfectionner, & non détruire. Tous les devoirs qu'elle nous prescrit envers nos semblables sont accomplis, si nous sommes justes & charitables. La Loi nouvelle est trop sage & trop sublime pour être entrée dans des détails d'affaires temporelles, & dans la théorie des contrats commutatoires, toujours soumis à la vicissitude des temps & des mœurs, & qui sont l'objet des Loix civiles. Ces réflexions feront sentir les mauvaises conséquences que veulent tirer les adverſaires de tout intérêt, de divers endroits des Livres ſaints, où l'on veut trouver la cenſure du Prêt de Commerce, tandis que c'eſt le violement de la charité qu'on y voit condamné ſous le nom d'*uſure*. Le ſeul texte qui exige une certaine diſcuſſion, eſt au chap. 6 de ſaint Luc, *Mutuum date, nihil inde ſperantes.*

Rien n'eſt plus ſimple ni plus clair que ce texte, où l'on ne peut imaginer ni parabole, ni allégorie. Tout ce qu'il énonce, eſt que l'on doit prêter ſans aucune vue d'intérêt. Il eſt queſtion de ſçavoir ſi c'eſt la vertu de juſtice, ou ſeulement la vertu de charité qui nous preſcrit ici de prêter gratuitement.

Ce paſſage a été ſouvent employé dans le ſens d'une application morale, *in ſenſu accommodatitio*, qui n'eſt pas le ſens littéral, mais qui ne l'exclut point.

Prêtez à l'indigent, lors même que vous ne pourrez pas eſpérer qu'il vous rende, *nihil inde ſperantes.* Autre ſens que les Moraliſtes ont ſouvent tiré de ce texte. Mais il eſt fort étranger au ſens littéral que nous cherchons ; puiſque d'un côté il s'agiroit alors de donner, & non de prêter, & que, d'un autre côté, ce verſet 35 ne ſeroit que la répétition du verſet 30 du même chapitre, où étoit énoncé le précepte de donner, *omni petenti te, tribue.*

L'usage le plus fréquent qu'on a fait de ce texte, est de l'avoir opposé aux rapines & aux extorsions des usuriers, parce que c'est le plus commode & le plus décisif des textes de l'Ecriture contre ceux qui abusent de la faculté de prêter. Il est visible, en effet, que si ce passage ordonne de prêter gratuitement, il condamne, à plus forte raison, toute injustice pratiquée à l'ombre du prêt. Mais voici le sujet de la dispute sur le vrai sens littéral de ce verset.

Suivant les Scholastiques, il signifie: *Prêtez sans stipuler aucun intérêt, lors même que votre fortune est fort modique, & celle de votre emprunteur fort opulente.* Ou bien: *Prêtez, en vous souvenant que, de sa nature, le prêt est essentiellement gratuit, & l'argent stérile, ensorte que la moindre condition onéreuse que vous attacheriez au Prêt, le rendroit usuraire.* C'est-là, à-peu-près, le sens que veulent trouver dans le texte sacré, les Eleves de l'Ecole Péripatéticienne.

Mais a-t-on besoin de réfléchir, pour s'appercevoir que cette interprétation est la moins analogue à la contexture du discours, & la moins digne de son auteur? Sa morale roule ici sur les sacrifices d'une charité généreuſe & ſublime, qui ne tend qu'à glorifier Dieu, en ſervant le prochain. Vouloir y faire entrer les idées philoſophiques de capital & d'intérêt, & des régles concernant les affaires temporelles, c'eſt méconnoître le reſpect dû au divin Légiſlateur, ou n'avoir lu de ſon diſcours, que le verſet 35. Rapportons-en le précis.

» Si vous ne faites du bien qu'à ceux » qui vous en font ; ſi vous vous bornez à » donner des ſecours à ceux de qui vous » en attendez vous-même, enfin ſi vous ne » prétez que dans des vues de retour & » de reconnoiſſance de la part de celui à » qui vous prétez, quel mérite acquerrez- » vous par-là ? *Quæ vobis eſt gratia ?* Les » infideles, les profanes n'en font-ils pas » autant ? *Nonne ethnici hoc faciunt ?* Ils » ſe prêtent les uns aux autres, pour être » traités à la pareille dans l'occaſion, *pec-* » *catores peccatoribus fœnerantur ut recipiant* » *æqualia.* Pour vous, qui êtes les enfants » du Très-Haut, *filii Altiſſimi*, vous ne » devez pas en agir ainſi. Soyez auſſi gé- » néreux envers les autres que vous deſi- » rez qu'ils le ſoient à votre égard, *prout* » *vultis ut faciant vobis homines, & vos* » *facite illis ſimiliter.* Donnez à quiconque » eſt dans le cas de ſolliciter votre charité, » *omni petenti te, tribue.* Soyez bienfaiſant,

» & prêtez à ceux qui viennent vous em-» prunter, sans espérer aucune recon-» noissance ni aucun retour de leur part, » *benefacite & mutuum date, nihil inde* » *sperantes.* S'il arrive que vous ayez gra-» tifié un ingrat, vous n'aurez rien perdu, » vous aurez imité la bonté du Pere céleste » qui comble de biens les cœurs les plus » pervers & les moins susceptibles de sen-» timents de reconnoissance, *quia ipse mi-* » *sericors est super ingratos & malos.* «

Il n'y a pas, dans ce discours, un seul mot qui ne se rapporte à la charité fraternelle exercée dans la seule vue de plaire à Dieu. Aussi tous les Interpretes qui se sont le plus attachés au sens littéral, ont-ils rejetté avec soin la mauvaise application, que nous combattons, comme étrangere & opposée au texte.

» Dans ces paroles, *nihil inde sperantes*, » il ne s'agit nullement, dit Jansenius, d'un » argent reçu au-delà du capital, mais de » la vue qu'a un prêteur de recevoir quel-» que pareil service de la part de l'emprun-» teur (*a*). « Ce texte est expliqué dans le

---

(*a*) Nihil inde sperantes : id est, nullam expectantes ex isto beneficio parem beneficii vicem; non enim hic agitur de recipienda pecunia ultrà sortem. *In Lucam, cap.* 6, ℣. 35.

même ſens par Menochius (*b*), Tirin (*c*), Eſtius (*d*), & une multitude d'autres Commentateurs qu'on voit cités dans la *Synopſe des Critiques.*

Il eſt vrai que Boſſuet n'a point adopté cette explication, & qu'il l'a même cenſurée ſévérement dans Grotius. Mais l'on eſt forcé de dire que le grand Evêque de Meaux a traité cette matiere fort légérement, & qu'il s'en eſt tenu aux principes & aux préjugés des Scholaſtiques, ainſi que l'ont fait tant d'autres Moraliſtes avant & depuis Boſſuet. L'un des griefs qu'il oppoſe à cette explication, eſt que les Interpretes Proteſtants l'ont adoptée. Mais il devoit ajouter que ces Proteſtants s'accordent en cela avec les meilleurs Interpretes Catholiques.

On peut ſe convaincre d'ailleurs, par un raiſonnement bien ſimple, que ces paroles, *nihil inde ſperantes*, ne peuvent avoir pour objet un intérêt ſtipulé entre le prêteur & l'emprunteur. Car les prêts dont

---

(*b*) Nullo retributionis ab hominibus reportandæ, aut commodi veſtri reſpectu. *Menochius*, ibidem.

(*c*) Id eſt, etſi nullum ab eis par aut ſimile beneficium expectatis; nam ſolo benefaciendi affectu impelli debetis. *Tirinus.*

(*d*) Vos autem mutuum date, etſi ſimile beneficium non expectetis. *Eſtius.*

parle ici l'Evangile, sont visiblement des prêts de pure charité. Peut-il donc y être question de défendre la stipulation de l'intérêt? Rien ne seroit moins naturel, ni plus déplacé. Dira-t-on que le sens du texte est qu'un prêt quelconque doit se faire par le même motif de charité? Mais la Morale de l'Evangile est trop sage & trop sensée, pour entendre qu'un homme dont la fortune est en argent, doit avoir la charité de le prêter *gratis* à un Négociant millionnaire. En un mot, le sens attribué par les Scholastiques à ce verset, en est l'altération la plus manifeste.

Ce point étant trop de conséquence pour ne pas exiger les plus grands éclaircissements, rapportons ici les réflexions lumineuses d'un génie du premier ordre, dans un Ecrit (*e*) qui auroit pu être intitulé: *Eléments de la partie la plus intéressante de la science du Gouvernement.*

» Il est aisé de faire sentir combien l'application faite par les Rigoristes du passage, *mutuum date*, est fausse, & s'écarte du sens de l'Evangile. Ce passage est clair, lorsqu'on l'entend, comme les

(*e*) Réflexions sur la formation & la distribution des richesses, par M. Turgot, §. 75, *p.* 117, & *suiv.*

» Théologiens modérés & raisonnables, » d'un précepte de charité. Tous les hom- » mes doivent se secourir les uns les au- » tres : un homme riche qui, voyant son » semblable dans la misere, au lieu de » subvenir à ses besoins, lui vendroit ses » secours, manqueroit aux devoirs du » Christianisme & à ceux de l'humanité. » Dans de pareilles circonstances, la cha- » rité ne prescrit pas seulement de préter » sans intérêt, elle ordonne de préter & » de donner s'il le faut. Faire de ce pré- » cepte de charité un précepte de justice » rigoureuse, c'est choquer également la » raison & le sens du texte. Ceux que » j'attaque ici, ne prétendent pas que ce » soit un devoir de justice de préter son » argent. Il faut donc qu'ils conviennent » que ces premiers mots du passage, *mu-* » *tuum date*, ne renferment qu'un pré- » cepte de charité. Or je demande pour- » quoi ils veulent que la fin du passage » s'entende d'un devoir de justice ? Quoi ! » le prêt lui-même ne sera pas un pré- » cepte rigoureux, & l'accessoire, la con- » dition du prêt en sera un ? Jesus-Christ » aura dit aux hommes : Il vous est libre » de préter, ou de ne pas préter ; mais si » vous prétez, gardez-vous bien de retirer » aucun intérêt de votre argent : & quand

» même un Négociant vous en demande-
» roit pour une entreprise dans laquelle il
» espere de faire de grands profits, ce
» seroit un crime à vous d'accepter l'in-
» térêt qu'il vous offre. Vous avez, à la
» vérité, un moyen de rendre l'intérêt
» légitime : c'est de prêter votre capital
» pour un temps indéfini, & de renoncer
» à en exiger le remboursement, que votre
» débiteur vous fera quand il voudra ou
» quand il pourra. Si vous y voyez de
» l'inconvénient du côté de la sûreté, ou
» si vous prévoyez que vous aurez besoin
» de votre argent, dans un certain temps,
» vous n'avez d'autre parti à prendre, que de
» ne point prêter. Il vaut mieux laisser man-
» quer à ce Négociant l'occasion la plus
» précieuse, que de commettre un péché
» pour la lui faciliter. Voilà ce qu'on a vu
» dans ces paroles, *mutuum date, nihil inde*
» *sperantes*, lorsqu'on les a lues avec les
» préjugés que donnoit une fausse méta-
» physique. Tout homme qui lira ce texte
» sans prévention, y verra ce qui y est,
» c'est-à-dire ; comme hommes, comme
» Chrétiens, vous êtes tous freres, tous
» amis : traitez-vous en freres, en amis :
» secourez-vous dans vos besoins : que vos
» bourses soient ouvertes les uns aux au-
» tres ; & ne vous vendez pas les secours

» que vous vous devez réciproquement, en » exigeant l'intérêt d'un prêt dont la cha- » rité vous fait un devoir. C'eſt-là le vrai » ſens du paſſage en queſtion. L'obliga- » tion de prêter ſans intérêt, & celle de » prêter, ſont évidemment relatives l'une » à l'autre : elles ſont du même ordre, & » toutes deux énoncent un devoir de cha- » rité, & non un précepte de juſtice ri- » goureuſe, applicable à tous les cas où » l'on peut prêter. «

Qu'on compare ces idées théologiques avec celles des Scholaſtiques, & l'on ſera forcé d'applaudir à celles-là, & de s'étonner de plus en plus de celles-ci, ſur-tout ſi l'on fait attention à cette diſtinction ſinguliere, imaginée & ſuivie dans l'Ecole, que ce n'eſt qu'un conſeil de prêter, & un précepte de prêter (*f*) gratuitement; diſtinction viſiblement fauſſe dans ſes deux parties, s'il s'agit des beſoins des pauvres, & également fauſſe dans les cas où la charité n'a point lieu.

Si l'on objecte que les paroles, *nihil inde*

(*f*) Mutuum dare non ſemper tenetur homo; & ideò quantùm ad hoc ponitur inter conſilia. Sed quòd homo lucrum de mutuo non quærat, hoc cadit ſub ratione præcepti. *S. Thomas*, 2. 2. *quæſt.* 78, *art.* 1, *ad quartum.*

ſperantes, ont été mille fois employées dans le langage des Peres & des Conciles, comme condamnant tout intérêt provenant du prêt; il eſt aiſé de répondre que nous l'entendons auſſi dans le même ſens, puiſque, dans celui de ce texte, il ne s'agit que du prêt de charité; & que, s'il s'agit du prêt de Commerce, ce texte eſt dès-lors étranger & ſans aucune application vraie & littérale.

Les adverſaires du prêt de Commerce avoient beſoin encore de combattre & d'écarter le vrai ſens du verſet 27 du chap. 25 de ſaint Matthieu, où le Pere de famille dit au mauvais ſerviteur : Il vous falloit donc placer mon argent entre les mains d'un Banquier, & à mon retour j'aurois retiré mon capital avec les intérêts : *Oportuit ergò te committere pecuniam meam nummulariis, & veniens ego recepiſſem utique quod meum eſt cum uſura.*

Les paraboles de l'Evangile faiſant alluſion à des uſages connus, on doit conclure de celle-ci, ce qu'on ſçait aſſez d'ailleurs, que du temps de Jeſus-Chriſt il y avoit à Jéruſalem des Banquiers qui faiſoient valoir l'argent à leur profit, & au profit de ceux qui leur en fourniſſoient. Ce trafic de l'argent, fixé à de juſtes bornes, eſt trop utile au public pour être ſuſceptible de blâme ; & l'idée que nous en donne ici le Légiſlateur des Chrétiens, en écarte tout ſoupçon d'injuſtice, puiſqu'il prétend fermer la bouche au ſerviteur pareſſeux, & le convaincre d'être ſans excuſe dans ſa négligence à tirer parti du capital qui lui avoit été confié, par cette circonſtance, qu'il pouvoit le faire valoir dans une banque. Prétendre, comme font les adverſaires de l'intérêt, que dans cet endroit, Jeſus-Chriſt n'a nullement voulu faire entendre que l'intérêt de la banque fût permis, & qu'il faut abandonner le ſens littéral de la comparaiſon, & ſe borner au ſens figuré; c'eſt donner pour fondement, à ce dernier, un ſens littéral reconnu pour faux : c'eſt forcer le ſens le plus ſimple & le plus naturel pour l'adapter au ſyſtême que nous combattons : c'eſt peindre le Pere de famille comme un homme, non-ſeulement dur, mais encore odieux par ſa qualité d'uſurier, c'eſt-à-dire d'homme injuſte, ſuivant ce même ſyſtême. C'eſt enfin attribuer à Jeſus-Chriſt un raiſonnement faux, & qu'il eût été facile au mauvais ſerviteur de réfuter par cette apologie ſans réplique :

» Vous me condamnez par un endroit » qui devroit au contraire m'aſſurer votre » approbation. Car j'ai évité de remettre » votre argent entre les mains d'un Ban-

» quier, comme je l'aurois pu faire sans » aucun embarras, parce que je sçavois » que vous déteſtez l'uſure, & que n'igno- » rant pas moi-même que l'intérêt de la » banque eſt uſuraire, je me ſerois rendu » coupable en vous remetiant des profits » injuſtes, & qu'il vous auroit fallu reſti- » tuer. Je ſuis donc à loüer, & non à blâ- » mer, de n'avoir pas fait valoir votre ar- » gent chez un Banquier. «

Il n'y a point ici de milieu : Il faut ou adopter cette explication, qui compromet évidemment la ſageſſe & la dignité des diſcours de l'Auteur de l'Evangile, ou reconnoître que, ſuivant ce texte, l'intérêt de l'argent n'a rien d'oppoſé à l'équité naturelle.

Un effet bien ſingulier du dévouement des Scholaſtiques au ſyſtême Péripatéticien, eſt d'avoir transformé en Rigoriſtes ſur l'uſure, des Théologiens qui ſont les plus relâchés ſur le reſte de la Morale. Car ils ont décidé, 1°. Que le prêt à intérêt eſt péché mortel de ſa nature (*g*); 2°. Que d'avancer le contraire, c'eſt ſe conſtituer hérétique (*h*); 3°. Qu'il y a auſſi péché mor-

---

(*g*) Tolet, qu'on cite ici *inſtar omnium*, Inſtruct. Sacerd. *cap.* 28, *p.* 739.

(*h*) Ibid.

tel à induire quelqu'un à emprunter à intérêt, à moins d'une néceſſité grave (*i*); 4°. Que les Magiſtrats ne peuvent ſans crime ordonner le paiement des intérêts du prêt (*k*); 5°. Que ce n'eſt que dans un beſoin très-urgent qu'il eſt permis de recourir à des gens qui prêtent à intérêt (*l*); 6°. Que d'emprunter hors de ce cas, c'eſt ſeulement péché véniel, ſelon certains Scholaſtiques, mais péché mortel, ſelon d'autres (*m*); 7°. Que les prêteurs à intérêt ne doivent être tolérés dans l'Etat qu'autant que le ſont les femmes proſtituées; l'un & l'autre métier étant également condamné par le Droit Naturel (*n*). On n'eſt point étonné de pareilles déciſions, quand on ſçait que les Scholaſtiques ſont presque toujours les échos les uns des autres, & qu'ils n'ont inondé le monde de tant de volumineux recueils, que par la facilité qu'ils ont eue de copier leurs devanciers.

(*i*) Ibid. *cap.* 37, *p.* 363. (*k*) Ibid. (*l*) Ibid. (*m*) Ibid. (*n*) Ibid.

CHAPITRE X.

L'Usure n'est point un fantôme. A quels traits on reconnoît la véritable Usure, & dans quels cas elle se pratique. Danger de l'étendre au-delà de ses bornes. Régles du for interne. Considérations sur celles du for externe. Les principes des Casuistes leur font voir souvent l'usure où elle n'est point, & les entraînent dans des décisions tantôt fausses & tantôt douteuses. Leur doctrine tend à la destruction du Commerce.

LA conformité de la stipulation d'intérêt aux principes du Droit Naturel étant démontrée, ainsi que la futilité des raisonnements mis en vogue par les préjugés populaires & la mauvaise Logique de l'Ecole, il est temps de satisfaire à une difficulté, qui a dû se présenter souvent à l'esprit du Lecteur. Cet Ecrit, dira-t-on, n'est-il pas une apologie de l'usure? L'existence des usuriers sera-t-elle autre chose qu'un fantôme?

La réponse à cette objection se trouve dans la définition que nous avons donnée de l'uſure. Si, comme nous l'avons dit, elle conſiſte dans une injuſtice faite à l'emprunteur, la ſource de ce déſordre ne tarira que quand on ne verra plus d'hommes injuſtes & avides du bien d'autrui. Ainſi il y a une uſure manifeſte contre la loi de charité, dans les intérêts que le riche exige du pauvre. Il y a uſure dans tous les cas, où la ſurpriſe & la fraude procurent au prêteur des profits injuſtes. Il y a uſure dans tout traité en général où le prêt eſt avantageux au ſeul prêteur, & ne peut naturellement qu'être ruineux pour l'emprunteur. Il y a uſure à exiger des intérêts exorbitants, ſuivant la loi ou l'uſage reçu. Il y a uſure dans des pratiques encore pires, telles que le prêt à la petite ſemaine, & les prêts faits à des diſſipateurs & des débauchés.

Loin de faire l'apologie des prêts ſemblables, nous applaudiſſons à tout ce qu'on peut trouver de juſte dans l'objet des déclamations ordinaires contre l'uſure. Mais, après l'avoir condamné dans tous les cas où elle eſt réelle, il faut bien approuver l'intérêt dans tous ceux où on le trouve conforme à la juſtice. Dès qu'il y a des intérêts illicites, & d'autres qui ſont légitimes, il ne doit point être permis de les confondre; & c'eſt, ſans doute, la notion de

www.ingramcontent.com/pod-product-compliance
Ingram Content Group UK Ltd.
Pitfield, Milton Keynes, MK11 3LW, UK
UKHW020331230726
13925UKWH00002B/743